国連研究　第24号

地域安全保障と国連

日本国際連合学会編

国際書院

The United Nations Studies, Number 24 (June 2023)
Regional Security and the UN
by
The Japan Association for United Nations Studies
Copyright ©2023 by The Japan Association for United Nations Studies
ISBN978-4-87791-323-6　Printed in Japan

目　次

4

地域安全保障と国連

（『国連研究』第24号）

目　次

表紙写真

Plenary Hall of General Assembly. ［Exact date unknown］ ⒸUN Photo

Contents

Regional Security and the UN

(The United Nations Studies, Number 24)

Cover: Plenary Hall of General Assembly. [Exact date unknown] ©UN Photo

序

　『国連研究』第 24 号は「地域安全保障と国連」を特集テーマに編纂した。ここ数年の間に、ミャンマー、アフガニスタン、ウクライナなど、国家や地域の安全保障に関わる深刻な事態が続いている。そこで第 24 号では、地域の安全保障と国連の役割について考える特集を組んだ。地域の安全保障については、第 12 号（2011 年）で「安全保障をめぐる地域と国連」の特集が組まれたが、10 年以上経った今、劇的に変容してきた地域の安全保障に再度着目し、これまでの安全保障の概念を再検討するとともに、地域の国家や地域機構と国連との関係、また、地域の安全保障における国連の役割についての論考を掲載する。地域で深刻化する安全保障の問題に対して国連は何ができるのか、また、問題解決のためにはどのような枠組みが必要なのか、国連をはじめとする国際機構と地域機構との関係性や役割について多様な視点から考察する論考が揃った。

　巻頭には本学会の特別顧問である渡邉昭夫先生から、昨年 5 月にご逝去された武者小路公秀先生に向けてメッセージをお寄せいただいた。武者小路先生はとくに国際関係論、平和研究の分野で優れた研究業績を残されたほか、人権の推進、非暴力の推進、反差別運動にもご尽力された。本学会には特別顧問として長年にわたり御貢献くださったことに心より感謝を申し上げたい。

　続いて、特集論文から掲載順に各セクションの論文を紹介する。

　庄司論文は、本特集号の総論としての位置づけであり、地域安全保障をめぐる国際的対応を歴史的に紐解いたものである。地域的機構による安全保障の取り組みには、地域内の安全保障と域外干渉からの防衛という相矛盾する側面が共存しているが、この両立を図るべく、国連憲章には、地域的取極を規定した第 8 章、および、集団的自衛権を規定した第 51 条が最終的に埋め

込まれた。しかし、国連と地域的機構の関係には曖昧さが残った。紛争の平和的解決に関して両者は競合関係にあり、強制措置についても集団的自衛権を認めたことで普遍的集団安全保障との緊張関係が生じている。最後に、コソボ紛争を事例として、地域的機構が対外的にとる強制措置について、合法性と正統性に基づく評価の可能性を示している。しかし、それは単なる「評価」に留まらない。両者が矛盾する場合、そのジレンマに直面したアクターが国際社会の安全保障をめぐる規範やルールを前進させる契機となると本論文は強調するのである。

　玉井論文は、今日、国連の活動の限界が指摘されているが、特にOSCEを中心に地域機構と国連の関係性の発展を分析した結果、新たな視点や可能性が見出せると説く。

　玉井は、まず、冷戦機に遡り、欧州地域における重層的な地域的国際機構の枠組みやその成立背景を概観する。そして、複数の地域的国際機構が存在する場所では、特定の国際機構によって生み出された規範でも、その重層的な特質により「地域的国際機構間に共鳴」し、「法的、政治的規範として最初の規範創設者の意図を越えて発展し」たと述べる。一方、地域的な国際機構が重複して存在しない旧ソ連諸国においては、規範の共鳴が見られず、受け入れられていないという傾向がある。このため、かつて東西陣営に属していた欧州の国家が加盟国であるOSCEにおいては、今日でもCSCEの時代から培ってきた規範の一部を受け入れない加盟国が存在し、平和維持活動などにも支障が生じる結果となっている。

　しかし、OSCE加盟国である国家は、普遍的国際機構である国連の加盟国であることも事実であり、国連が行う活動を当事者として受け入れざるを得ない。その結果、OSCEと国連との協働関係の進展に見られるように、今日、地域的国際機構と国連との間でより相互補完的な関係を構築しようという動きがある。最終的に、玉井は、「ポスト・ポスト冷戦期」において、地域における国連の役割や活動はより大きくなっていくと結論づけている。

　井上論文は、アフリカの平和維持活動における国連と地域機構のパート

ナーシップの起源について探求する。具体的には、1990年代における国連平和維持活動（PKO）の変革プロセスと原因を明らかにすべく、「平和と安全保障分野における国連の有効性を高めるための実用的措置」（「グールディング報告」）を検討する。同報告は、マラック・グールディング国連事務次長が、1997年にコフィ・A・アナン国連事務総長に提出した非公開の報告書である。同報告は、武力行使の賛否、人道危機、国連と地域機構の関係を論じるものであり、2000年代以降のPKOの方向性を示唆している。

　井上論文は、「グールディング報告」におけるソマリアの事例を取り上げ、国連と地域機構の「パートナーシップ」の問題を浮かび上がらせる。地域機構は国連の一部なのか、あるいは外部のアクターなのか。同論文は、地域機構が「第4の国連」として位置づけられる可能性を示す。アフリカの紛争への国際機構の関与と地域機構の関与を明確にするには、1990年代の文脈の中でのPKOを「歴史」として分析することが不可欠であると結論づけている。

　独立論文は1本を掲載した。瀬岡論文「国際連合における拒否権の本質的制約：ウクライナ情勢におけるロシアの拒否権行使をめぐって」は、国際連合における拒否権の本質的制約に着目して、2022年に勃発したウクライナ情勢におけるロシアの拒否権行使を批判的に検討している。そして検討の結果、以下の3点を結論付ける。第1に、国連憲章第27条3項の文言解釈や、5大国間のバランスといった観点からロシアの拒否権行使を容認する国際法学および国際政治学の議論は、すでに国連憲章の起草時から強く意識されていた「権利としての拒否権」と「責任としての拒否権」の2面性に基づく拒否権の本質的制約を軽視している。第2に、拒否権行使が本質的制約に合致しているかどうかを判断する際には、常任理事国の拒否権行使の正当化理由を慎重に検討することが重要である。第3に、ロシアの拒否権行使の正当化を重視すると、「権利としての拒否権」あるいは「責任としての拒否権」、いずれの側面についても、ロシアの拒否権行使は、国際法上明確に違法であるとまで言い切れないとしても、少なくとも、国連の目的・原則から大きく外

れたものであり、その意味で、拒否権の本質的制約に合致しないものである。

　政策レビューには、1本を掲載した。「安保理による立法的行為の評価－安保理決議 1540 の国内履行からの考察」と題するレビューは、国連加盟国による決議 1540（2004 年）の履行を分析した。安保理が立法的機能を持ったとして議論を巻き起こした同決議について、決議の趣旨および目的に対する各国の立場の相違が、決議の履行に及ぼす影響を分析した。まず、決議採択時に、決議を非国家主体への大量破壊兵器の不拡散のためと位置づける国々とテロ対策とする国々との2つの立場があり、採択のための妥協の結果として、決議の条項が異なる解釈の余地を残したことを浮き彫りにした。

　次に、決議の国内法整備に関する各国の履行状況を、1540 委員会が実施した包括的レビューに基づき、決議の主文1ないし3それぞれについて分析した。決議採択の経緯から、大半の国家は、加盟する既存の多国間条約の国内適用を決議の国内履行として援用しており、その場合に、条約に対する決議の補完的要素が履行されない場合が多いことが明らかにされた。たとえば、重要な補完的要素である「非国家主体に対する不拡散」について、おもにテロ対策法で国内履行とする国では、「非国家主体」がテロリストに限定される。安保理の立法的機能が課す法的義務に対して、国連加盟国の多くは決議の履行のために特別な努力を払っていない。安保理の立法的行為への反感等に鑑みると、この先も決議の履行を促進するためには、非国家主体に対する大量破壊兵器の不拡散を目的とした輸出管理措置が、すべての国家にとって意義があると示すような誘因が必要であろうと結んでいる。

　続いて、書評セクションには5本の書評を掲載した。書評の対象となった文献は、西海洋志著『保護する責任と国際政治思想』（国際書院、2021 年）、樋口真魚著『国際連盟と日本外交—集団安全保障の「再発見」』（東京大学出版会、2021 年）、大道寺隆也著『国際機構間関係論—欧州人権保障の制度力学』（信山社、2020 年）、Tatiana Carayannis and Thomas G. Weiss, *The Third UN: How a Knowledge Ecology Helps the UN Think* (Oxford

University Press, 2021）、今西靖治著『PKO のオールジャパン・アプローチ―憲法 9 条の下での効果的な取組』（信山社、2022 年）である。

　西海洋志著『保護する責任と国際政治思想』は、国際秩序が変動しているという問題意識の下、その変動がどのような方向に動き、結果として国際秩序がどのように再構成されつつあるのかについて保護する責任概念を通して考察する。同書については望月康恵会員が解説している。

　樋口真魚著『国際連盟と日本外交―集団安全保障の「再発見」』は、満洲事変から日中戦争を対象に、日本が外交交渉において国際連盟および国際法の役割をいかに認識して対応してきたかを分析・検討するとともに、一連の対応がその後の秩序構想や安全保障構想に与えた影響を論じている。同書については山田哲也会員が解説している。

　大道寺隆也著『国際機構間関係論―欧州人権保障の制度力学』は、欧州の人権保障に関わる近時の複数事例において生じた国際機構間の「相互作用」に着目し、その中に「国際機構異議申立」概念によって抽出される事象を見出し、国際機構が制度的な変更や影響を受ける過程を析出する。同書については滝澤美佐子会員が解説している。

　Tatiana Carayannis and Thomas G. Weiss, *The Third UN: How a Knowledge Ecology Helps the UN Think* は、従来は国連のアクターとして認められてこなかったが、国連の政策や実践に貢献している非国家主体を「第三の国連」とすることで、国家中心観では捉えきれないグローバル・ガバナンスを理解するための視座を提供する。同書については小林綾子会員が解説している。

　また、今西靖治著『PKO のオールジャパン・アプローチ―憲法 9 条の下での効果的な取組』は、30 年近く外務省の現役外交官として勤務する著者が、外務省総合外交政策局国際平和協力室長としての実務経験を踏まえて、日本の国際平和協力の法的側面および政策実践について自衛隊の PKO 派遣を中心に考察する。同書については川口智恵会員が解説している。

　加えて、学会の活動として、国連システム学術評議会（ACUNS）研究大

会と東アジア国連システム・セミナーについての報告を掲載した。いずれも長引くコロナ禍により、オンラインでの開催となった。ACUNS報告については竹内舞子会員が、東アジアセミナーについては樋口恵佳会員が報告書を作成した。

2023年3月末日
編集委員会

I

特 別 寄 稿

武者小路公秀教授を悼む

渡　邉　昭　夫

　氏は（以下、氏と呼ばせていただくのをお許しください）、父君の公共氏が在ベルギー大使館の勤務中にその三男としてブリュッセルにて生まれる。武者小路家は伝統ある名家であり、有名な作家の実篤は氏の叔父上にあたる。2022 年 5 月 23 日に逝去（享年 92 歳）に至るまでの氏の経歴は誠に多彩である。

　たとえば、平和主義者、世界平和アピール 7 人委員会委員、国連大学副学長、世界政治学会会長、そして我が国連学会の特別顧問、この他は省略するが、経歴には二つの特徴があるように思う。第一に、文字通りグローバルで世界を股にかけてのご活躍であったこと、第二に、叔父実篤の影響なのか上品な理想主義であったこと、が挙げられる。

　次に、氏の学問について述べてみたい。

　岩波新書刊の『国際政治を見る眼—冷戦から新しい国際秩序へ』は平易なことばで国際政治が時間とともに移り行く様を解いて聞かせている。冷戦が終わりグローバルな形で世界が変わりつつあると説いているが、今日のウクライナのニュースを見聞きするたびに、今こそ、どのように見たらよいのかを氏に説いて欲しいと切に思う。

　東京大学出版会刊の『行動科学と国際政治』は一転して高度に専門的な内容で、行動科学とは何かを説き帝国議会での首相演説についての数量分析を行っている。これは、猪口孝氏らの助力でコンピューターを駆使した多変量分析を試みたものである。私事を申して恐縮だが、同じころ私自身も戦前・戦後の議会での首相・外相の演説を材料に数量分析を試みたものの、当方は

手書きで氏の方はコンピューターという天地の差があり、大いに恥ずかしい想いをした。

　最後に逸することのできないのが、国際書院刊の『国際社会科学講義——文明間対話の作法』である。文明間ということばを聞くと「文明間の衝突」を想起する人が多いかもしれないが、氏が本書で取り扱っているのはパラダイム間の対話である。具体的には西欧近代とそれ以外の3つのパラダイム（非西欧の宇宙論、例えばアニミズム）との間の対話が、今日我々が抱えているグローバルな課題の解決に不可欠だというメッセージだという風に私には受け取れる知的試みである。

　私には学風の相違から、氏と学会などの場でご一緒する機会には恵まれなかったが、その中で唯一と言って良い思い出に触れてこの追悼文を閉じたい。

　時は1980年の10月。場所はベルリン。たぶん緒方貞子さんもご一緒だったので、国連を主題とする日独協力の会議であった。ベルリンのティーアガルテン通りを挟んで、こちら側に日本大使館があり、その対面にティーアガルテンがある。ある朝、私がそこを散歩していると、時同じく散策している氏と遭遇したことが私の記憶に残っている。手元に残っているブロックドルフ日独センター事務総長の名刺とともに。

Ⅱ 特集テーマ

地域安全保障と国連

1　安全保障をめぐる国連と地域的機構

庄　司　真　理　子

はじめに

　国際連合憲章は、その第8章に「地域的取極（Regional Arrangement）」という項目を設け、国際連合（以下、国連と略す）のような普遍的な安全保障機構と地域的な安全保障機構の関係を明確に位置付けた。しかしその直前の第7章第51条において、集団的自衛権をも包含する「自衛権」の項目を設けた。国連憲章第53条の地域的取極または地域的機関による地域的集団安全保障と集団的自衛権は、前者が地域内の対内的指向性を有する安全保障であるのに対し、後者は地域外からの地域への攻撃に備えるという対外防衛的性格を有する同盟であることから、国連の集団安全保障体制と矛盾・対立する契機を内在するものであることが認識されてきた[1]。本稿では、地域的集団安全保障と集団的自衛権、すなわち対内的指向性と対外防衛という一見相矛盾する概念を、国連がどのようにとらえてきたか。またこれからの国際社会の安全保障が、国連憲章上のこの2つの概念をどのように捉えていくのか。次の3つの観点から検討する。第1に、国際連盟期にモンロー・ドクトリンが挿入される過程、第2に、国連と地域的機構[2]（地域的取極または地域的機関）および集団的自衛権の関係、第3に、地域の安全保障と国連の今日的課題の関係から概観する。本特集における本稿の位置づけとして、詳細な事例分析ではなく、国連と地域的機構がどのような関係にあるかという基本的な立ち位置を確認することが第1の目的であることをお断りしておきたい。

1　国際連盟とモンロー・ドクトリン

　ヴェルサイユ条約に基づいて国際連盟規約が採択される約 100 年近く時代をさかのぼる 1823 年に、アメリカ合衆国（以下、合衆国と略す）第 5 代大統領ジェームズ・モンロー（James Monroe）が発表したモンロー主義（Monroe Doctrine）は、その後の地域的安全保障を考察するひとつの試金石となった。そのエッセンスは以下の部分である[3]。

　　　南北アメリカ大陸は、自由で独立した状態が想定され維持されているのであるから、将来いかなるヨーロッパ列強によっても植民地化の対象とはみなされないということを、合衆国の権利と利益にかかわる原則として主張する ……。

　　　したがって、合衆国とこれら列強諸国（欧州）との率直な友好関係のために、我々は次のように宣言する義務がある。すなわち、この半球（西半球）のいかなる部分にでも欧州のシステムを拡大しようとする試みは、われわれの平和と安全にとって危険であると考えるべきである。（カッコ内筆者）

　　　欧州のいかなる国の既存の植民地または従属国に対しても、我々は干渉しておらず、干渉することもない。しかし、独立を宣言し、それを維持している政府、および我々が十分な検討と公正な原則に基づいてその独立を認めている政府に対しては、欧州のいかなる国も、彼らを抑圧し、あるいは他の方法で彼らの運命を支配する目的で介入することを、合衆国に対する非友好的な意向の表明以外のなにものでもないと考える[4]。

　ここには多面的な内容が圧縮されている。植民地独立を果たしたばかりの合衆国にとって、植民地の独立は大きな命題である。そして非植民地化とコインの裏表ともいえる国内事項不干渉原則は、合衆国の国家安全保障にとって重要な原則であった。

　モンロー主義のもう1つの側面は、合衆国単一の安全保障のみではなく、米州と欧州を対置させ、両地域の相互不干渉、米州の地域主義に言及した点である。さらにこの地域主義は、米州地域内の地域的安全保障と、域外からの干渉に備える集団防衛体制の2つの側面を有していた。

　モンローがこの教義を発した1823年においては、この演説が「聞き手を説得し、教えを導こうとする気配は見られな」[5]かった、と指摘する見方もある。しかし、この教義の持つ多面的色彩が、その後の国際連盟および国連における地域主義を検討するうえで大きな影響を及ぼすこととなる。

（1）　国際連盟規約起草過程

　モンロー主義は、1919年のヴェルサイユ条約で創設される普遍的国際機構、国際連盟（League of Nations、以下、連盟と略す）における地域主義の考え方にも大きな影響を及ぼした。米州における地域的機構の萌芽は、19世紀前半から始まっていた。1826年、シモン・ボリバル（Simón Bolívar）の呼びかけによりパナマ会議が開催されて以降、米州地域における地域的機構の組織化、連合化の萌芽が芽生えた。1989年に開催された第1回米州諸国国際会議（The International Conference of American States）に至っては、常設の事務局であるパン・アメリカン・ユニオン（Pan American Union）を擁し、その後、米州において定期的に国際会議が開催されている。また、いくつかの難点はあるとしても、単なる事務的な国際行政連合の性格を超えて米州地域において高度に政治的な連合の方向性を指向した。これらの諸点を考慮に入れると、連盟の成立以前に、人類史上、最初に国際機構の要件を備えた組織は、米州会議であったと言っても過言ではない[6]。

　米州に地域的機構としての輪郭がすでに形成されつつある一方で、順番と

してはそののちに、普遍的国際機構である連盟の創設が議論された。

　話を連盟規約の起草過程に移そう。1914 年第 1 次世界大戦が欧州で勃発する。当時の欧米には、約 130 ほどの平和運動の民間団体が存在したという。連盟のアイデアは、当時の合衆国大統領ウッドロー・ウィルソン（Woodrow Wilson）が、突如ヴェルサイユ条約起草過程で提案したわけではなく、幾多の民間の平和運動のアイデアから発想を得ている[7]。欧州大戦が勃発すると、合衆国は戦争が米州に波及することを懸念して、西半球をひとつに融合するパン・アメリカン条約の締結を試みる[8]。

　1915 年にはアメリカ人を巻き込んだドイツ潜水艦による民間船舶撃沈事件が勃発すると、合衆国国内にも軍備の充実を求める声が上がってきた[9]。ウィルソンは、それまでの中立の立場から宣戦布告を迫られる中で、1917 年 1 月上院において「勝利なき平和」の演説をする[10]。同演説では、モンロー主義を世界の教義として広めること、権力闘争を導くようなもつれた同盟（対外防衛同盟）を避け、すべての国々が同じ意識と同じ目的を持って、共通の利益のために行動し、共通の保護のもとに存続する必要性（対内的指向性を持つ集団安全保障）を指摘している。ウィルソンは同年 5 月の宣戦布告前から、「モンロー主義の普遍化」[11] としての連盟を視野に入れていた。

　1918 年、連盟規約の起草プロセスで、モンロー主義に対するウィルソンの考えが、具体化する。同年 1 月 8 日に彼は連邦議会の場で「14 カ条の平和原則」[12] を発表した。同原則の最後の第 14 項で国際機構の構想が示されたが、ウィルソンの考えるモンロー主義の根幹ともいうべき原則は、第 11 項から第 14 項まで繰り返し言及されている「領土保全と政治的独立」の原則であった。彼は合衆国が他国からその弱体な国を擁護するべく「領土保全、政治的独立」を保証する「利他的」任務を負うと考えていた[13]。同原則は、ウィルソンの努力によって連盟規約第 10 条に示されることとなる。

　第 10 条は、「領土保全、政治的独立」のみならず、侵略の場合の連盟理事会の義務の履行手段をも含意した普遍的集団安全保障の構想の礎であった。しかし、この第 10 条およびモンロー主義の解釈をめぐって合衆国内外の意

見は大きく対立する。

　まず、ペルーとの国境紛争 [14] を抱えていたチリ政府は、「領土保全」による領土の固定化に疑義を示す。次に共和党の機関紙『ニュー・リパブリック』[15] は、ウィルソンの連盟構想に反対の論陣を張る。すなわち、「第 10 条は攻撃そのものではなく、攻撃による国境線の変更を禁ずるに過ぎない。羞恥心のない帝国主義だ」[16] というものである。また、共和党議員のヘンリー・カボット・ロッジ（Henry Cabot Lodge）は、上院において、モンロー主義は、米州諸国の領土保全や政治的独立を守ることが本質ではない。その主旨は、米州と欧州が区別され、米州の問題について欧州から干渉を受けないことであると主張して、モンロー主義を連盟規約に挿入することを要求した [17]。元国務長官のエリフ・ルート（Elihu Root）も、連盟の集団安全保障制度を、自国が統制できない事件の解決のために、宣戦布告するとの約束が守られる可能性は小さいと判断した [18]。さらにウィルソン政権下の国務長官であったロバート・ランシング（Robert Lansing）も、平和条約の締結を優先させ、連盟は後回しで良いと主張した [19]。また彼は物理的制裁を伴う相互保障は、大国の優越を生み出しかねない [20]、との懸念を示した。

　当初ウィルソンは「国際連盟という全体的・共同的団体の内部に連盟や同盟、特殊な盟約や了解は存在しえない」[21] と考えていたが、共和党のロッジを中心とする幾多の批判をかわすためという国内的事情から、連盟規約第 21 条に「モンロー主義」の文言を挿入して合衆国の批准を認めさせようとした。そのような事情から生まれた連盟規約第 21 条には、「仲裁裁判条約の如き国際約定又は『モンロー』主義の如き一定の地域に関する了解にして平和の確保を目的とするものの効力に何等も影響なきものとす」との文言が挿入された。

　ウィルソンが意図していたモンロー主義は、米州の集団安全保障を地球規模に拡大し、連盟という普遍的集団安全保障機構に発展させるというものであった。しかし、その同じ「モンロー主義」という文言が、皮肉にも第 21 条に規定されることによって、米州地域の同盟すなわち対外的な集団的防衛

機構を容認する論理としても解釈されることとなる。

（2）　戦間期のモンロー・ドクトリンの展開

　連盟成立後、戦間期に連盟規約第 21 条がどのように解釈され、展開していくのであろうか[22]。

　米州の場合、欧州からの介入を警戒するという意図から、すでにみたように地域的な組織化は進んでおり、19 世紀半ばには地域的集団防衛に関する条約が複数締結されていた。1826 年のパナマ条約は、締約国のいずれかに対する「外部からの侵略」を自国への侵略とみなして武力を行使することを締約国の義務とすることを規定した。さらに 1865 年の第 2 リマ連合条約において、侵略に該当する行為として締約国による行為が包摂され、集団安全保障に発展した[23]。米州においては、連盟設立以前からすでに地域的連携が発達しており、地域的集団防衛が先行し、その後、集団安全保障の発想がそこに織り込まれた。連盟創設後の 1923 年には組織化が進んだ「米州国際連盟」の提案が、集団安全保障の観点からなされた[24]。

　モンロー主義は、アジアにおいて日本を主導としたアジア・モンロー主義として解釈されていく[25]。1917 年合衆国と日本は、石井＝ランシング協定[26]を締結して、日本の中国における「特殊権益」を認めさせる。同協定の交渉プロセスにおいても、合衆国と日本のモンロー主義の文言に対する解釈の相違が明確化する。日本は当時の東アジアにおける覇権国として、同地域を勢力圏におさめることを意図していた[27]。他方、ウィルソン政権下の合衆国は、「勢力範囲撤廃」を意図して、中国における市場の門戸開放と機会均等を主張していた。同協定は「勢力範囲」との文言を使わず、「特殊権益」との文言で落ち着いた。

　欧州においても地域主義の主張が展開された。連盟の脆弱性を見抜いていたリヒャルト・クーデンホーフ・カレルギー（Richard Coudenhove-Kalergi）は、パン・ヨーロッパ運動を展開して、「戦争は国境をめぐる争いから始まる。争いをなくすには国境そのものを廃止すべきだ」[28]との観点か

ら地域的集団安全保障の萌芽ともいうべき提案をする。

　1925 年には、パン・ヨーロッパ運動の機運を受けて、ロカルノ条約が成立する。ロカルノ条約の加盟国は、イギリス・フランス・ドイツ・イタリア・ベルギー・ポーランド・チェコスロバキアの 7 ヵ国であった。同条約は、総計 9 つにのぼる相互援助条約、仲裁裁判条約、集団安全保障条約からなる。連盟による普遍的な集団安全保障と密接に結合した地域的集団安全保障条約と評価されている[29]。もちろん、ドイツを仮想敵国とする側面も同条約にはあるため、「防衛同盟」の側面も兼ね備えていた。このような地域的集団安全保障体制を、普遍的包括的な安全保障体制に至るまでの過渡的、中間的形式[30]ととらえることもできる。

　フランスの首相兼外相のアリスティード・ブリアン（Aristide Briand）は 1929 年にロカルノ条約をさらに組織化し、欧州全域を包含することを意図した「欧州連合」を提議する。ブリアンの発想のもとにフランス政府が起草した覚書、「欧州連合」案は、欧州連合を連盟規約第 21 条に規定された地域協定と位置づけ、連盟の枠内で活動するものとした。安全保障のあり方としてはロカルノ保障政策を全欧に漸次的に拡大[31]することを意図していた。

　戦間期の欧州ではさらに東方ロカルノ案など、集団防衛機構ではなく地域的集団安全保障を前面に出す提案がなされた[32]。しかし、1939 年のドイツによる軍事行動を皮切りに世界は第 2 次世界大戦へとなだれ込む。ウィルソン的な集団安全保障の幻想は消え、集団防衛機構としての同盟が立ち現れる。1940 年日独伊三国同盟が締結され、これに対抗するべくして 1942 年、合衆国、イギリス、ソビエト社会主義共和国連邦（以下、ソ連と略す）、中華民国など 26 ヵ国は、連合国共同宣言に署名する。この時代、集団安全保障に過度の期待を寄せることは困難であり、地域的安全保障のための同盟が結成されざるを得なかった。しかし「米州国際連盟」提案、ロカルノ条約、東方ロカルノ案などウィルソンが指向した地域的集団安全保障の観念もまた、戦間期にすでに芽生えていたことも指摘しなければならない。

2　国連憲章と地域的機構

　1940 年代の世界を席巻した第 2 次世界大戦中から、戦後の世界秩序構想は始まっていた。1941 年 8 月合衆国大統領フランクリン・ルーズベルト（Franklin Roosevelt）とイギリス首相ウィンストン・チャーチル（Winston Churchill）は、大西洋上で会見をし、戦後の国際秩序構想について話し合い大西洋憲章（The Atlantic Charter）と呼ばれる宣言を行った。同宣言では、広範で恒久的な一般的安全保障のシステムを確立しなければ将来に平和は訪れない [33] ことを両国で確認している。これはその後の国連の集団安全保障制度に発展する一歩であった。その後、1943 年に合衆国、イギリス、ソ連、中華民国の 4 ヵ国で「一般的安全保障に関する 4 国宣言（モスコー宣言、The Declaration of the Four Nations on General Security）」を発した。同宣言ではチャーチルが提案した地域委員会（Regional Council）の設置は退けられ、一般的な国際機構の創設が提案された [34]。世界は枢軸国 vs. 連合国という地域的防衛同盟同士の衝突に遭遇しており、集団安全保障制度としての連盟の失敗という苦い経験をしていた。それでもなお、戦後にウィルソン的な集団安全保障の国際機構を構想していた。

（1）　国連憲章の起草過程

　前述のごとく、国連憲章は第 2 次世界大戦中から検討されていた。このプロセスで、地域的安全保障機構はどのように構想されたのだろうか。

　a　ダンバートン・オークス提案

　1944 年モスコー宣言の 4 ヵ国が再び集まってダンバートン・オークス提案（The Proposal of Dumbarton Oaks）[35] を作成し、国連憲章の土台となる草案とした。同提案作成会議では、合衆国、イギリス、ソ連が、それぞれの意見調整をした。F・ルーズベルト政権下では、国務長官のコーデル・ハ

ル（Cordell Hull）と国務次官のサムナー・ウェルズ（Sumner Welles）の間で見解の相違があった。前者は普遍的安全保障を重視し、後者は地域的安全保障に力点を置いた[36]。ハルは、地域的機構が世界を地域にブロック化し、4大国（米・英・ソ・中）が勢力圏を支配することを恐れ、合衆国が戦後の普遍的な機構に注力することを求めた[37]。イギリスのチャーチルは、欧州審議会（a Council of Europe）を西欧諸国と合衆国で組織し、将来的には欧州合衆国（a United States of Europe）を創設し、ソ連と中国に対抗することを考えていた[38]。これはまさに防衛同盟の発想であった。他方、ソ連のヨシフ・ヴィッサリオノヴィチ・スターリン（Iosif Vissarionovich Stalin）は、ドイツに対する防衛同盟が戦後の機構の最も重要な目的であるので、ソ連も含めた欧州審議会の設置を望んでいた。また極東審議会（a Far Eastern Commission）を創設し、この2つの地域的機構が世界的な国際機構の重要な部分として役割を果たすことを望んだ。ルーズベルトはこのような地域的機構による防衛同盟の結成に反対し、真に普遍的な機構のみが安全保障に資すると指摘した、スターリンは最終的にこれに賛同した[39]。

　第2次世界大戦終結前のダンバートン・オークスにおける話し合いは、一方で合衆国が新しい世界的な機構の普遍的性格を強調するべきで、勢力圏に分裂させるのは避けるべきだ[40]と考えていたのに対し、イギリスもソ連も、戦争中の目前の敵国に、どのように対抗するかという防衛同盟としての認識が高く、地域的機構の位置づけも多岐にわたった。ハルは、日本の代わりに蒋介石政権の中華民国を極東の地域的機構の大国に位置付けることを望んだが、チャーチルは、毛沢東の共産主義中国が台頭することになることを懸念した[41]。スターリンは地域的機構が勢力圏創設に役立つと考えていた[42]。他方でチャーチルは、欧州に地域的機構を設立することはドイツを復活させることになるが、そのことがソ連からの攻撃を防ぐことになると考えていた[43]。

　このような防衛同盟的発想を克服するべく、合衆国のレオ・パスボルスキー（Leo Pasvolsky）は「平和と安全の維持における地方的又は地域的機

関の役割」と題する覚書を発表する[44]。合衆国は、地域的機構が武力行使する能力に明確な制限を設けることを望んでいた。そこで国連安全保障理事会（以下、安保理と略す）が地域的なグループ分けに制限を設けることを考えた[45]。同覚書は、国連憲章第8章の原型となった。しかし連合国は、目下戦争中の敵国に対しては、合衆国も含めて防衛同盟としての姿勢を崩さなかった。そこで、のちに国連憲章第53条1項後段となる、敵国に対する行動は例外とすることが話し合われた[46]。さらに戦争直後には連合国が平和と安全の維持に「共同行動」をとる可能性について協議していた[47]。

　b　チャプルテペック協定

　先述のように米州は、連盟成立以前からある程度、地域主義としての連携を深めていた。他方、中南米諸国の中には、合衆国の介入主義的傾向を疎んじ、反米連合の動きもあった[48]。しかし第2次世界大戦の勃発は、域内に欧州の植民地が存在し、戦争が米州に波及することを懸念した中南米諸国の結束を高めることとなった。また1933年に政権についたF・ルーズベルトは中南米諸国に対して「善隣友好策」を訴え続けた[49]。1940年のハバナで開催された第2回米州諸国外務大臣会議では「米州諸国の防衛のための相互援助と相互協力に関する宣言」[50]が採択され、政治的独立、領土、主権の不可侵と保全が確認され、これを侵すような非米州諸国からのいかなる試みも、侵略とみなすことが確認された。合衆国を包含した米州の結束は1941年12月の日本の真珠湾攻撃によって高まっていった。1942年にリオデジャネイロで開催された第3回米州諸国外務大臣会議では[51]、「米州の政府が、2以上の米州の国により正式に締結された合意あるいは条約に違反し、または米州の平和もしくは連帯を妨げるおそれのある違反が企図されている」場合に対処することも検討された。ここに対内的指向性を有する集団安全保障の萌芽がみられるともいえよう。

　合衆国が第2次世界大戦に参戦し、米州の連帯よりも4大国とともに普遍的国際機構による集団安全保障制度の確立に注力するようになると、新しい

国際機構の提案に米州などの中小国の意見が反映されていないとの苦情も出された。米州諸国の意見は 1945 年 2 月 21 日から 3 月 8 日まで、メキシコのチャプルテペックにおいて開催された戦争と平和の問題に関する諸国会議に示される。同会議に先立って 1944 年 10 月に 4 大国が示したダンバートン・オークス提案との調整がなされた。中南米諸国は、合衆国が事前に中南米諸国と協議しなかったこと、安保理の拒否権制度など主権平等原則に反する規定が盛り込まれたことを批判し、安保理の権限を制限して総会の権限を拡大してほしいなどの要求を出した。また安全保障の分野では、1930 年代の合衆国による善隣友好政策によって、米州諸国の連帯は徐々に固まり、平和と安全の維持に関する米州システムが発達していたため、チャプルテペック協定（The Act of Chapultepec）は、当時の西半球の集団安全保障制度としては完成度の高いものとなっていた。中南米諸国は、モンロー主義に基づいて米州の問題は米州で解決することを要請するとともに、地域的機構が、国連安保理の承認なしに独自に強制措置を発動できるようにすることを要請した。同協定の第 1 部は戦争遂行協力であったが、第 2 部では第 2 次世界大戦後の地域的機構にも触れ「米州諸国いずれかに対する脅威または侵略行為に対処するため、当該条約の署名国の全部または一部が武力行使を含む制裁措置のための条約を検討する」[52]（内容は筆者要約）とした。また第 3 部において、西半球における地域的機構が一般機構の目的と原則に一致したものであるとしている[53]。欧州の地域主義と比較して、米州における地域的機構の完成度の高さが、結果として国連憲章第 51 条の集団的自衛権の挿入につながったと言っても過言ではないだろう。

（2）　国連と地域的機構の関係の展開

　前述のような経緯を経て 1945 年 6 月 26 日、サンフランシスコにおいて国連憲章は起草され、51 ヵ国が原加盟国として署名した。国連憲章における地域的機構の位置づけについて検討してみよう。

　国連憲章第 8 章は、国連と地域的機構[54]の関係について、国際の平和と

安全の維持の問題を中心に規定している。国連憲章第52条1項は、以下のように規定している。

　　　第52条1　この憲章のいかなる規定も、国際の平和及び安全の維持に関する事項で地域的行動に適当なものを処理するための地域的取極又は地域的機関が存在することを妨げるものではない。

　ここで規定する地域的取極（regional arrangement）とは、地域的条約すなわち地域的協定のことである。また地域的機関（regional agencies）とは、この地域的協定によって設立される地域的機構のことである。第8章は、この地域的取極と地域的機関を併記することによって、地域的機関が創設されていなくとも地域的協定が締結されている場合も国連憲章第8章の対象となることを示しているといえよう。ところでこの地域的（regional）をどのように解釈したらよいだろうか。「国際政治の分野では、地域的取極を構成国の保護や振興のため、所与の地理的地域に位置する国家の団体」[55] とする理解もあるが、地域的機構には多様な種類がある。米州機構（OAS: Organization of American States）、アフリカ連合（AU: African Union）などのように地理的近接性を重視するもの、イスラム協力機構（OIC: Organization of Islamic Cooperation）のように共通の文化的および宗教的背景や伝統に基づくもの、北大西洋条約機構（NATO: North Atlantic Treaty Organization）のようにその陣営の防衛のために設立されるもの、欧州連合（EU: European Union）などのように、生活水準、経済、福祉、貿易の向上を当初の目的として創設されたものなど種類は様々である。それゆえ「地域的」という概念は地理的地域にとらわれず「若干の加盟国間の」[56] とする考え方もある。

　a　紛争の平和的解決における国連と地域的機構の関係
　平和と安全の維持における国連と地域的機構の関係を国連憲章はどのよう

に捉えているだろうか。紛争の平和的解決に関しては、国連は基本的に地域的機構による解決を尊重する立場にある。これに関わる国連憲章の規定としては、第14条、第6章第33条から第38条まで、第52条、第54条が関わる。これらの条文は国連と地域的機構のどちらを優先するべきかを明確に規定しているわけではない。

　第33条は、紛争当事者が国連へその紛争を付託する前に、当事者同士で何らかの平和的解決手段を求めなければならないことを規定している。地域的機構の利用はこの解決手段のひとつに過ぎず、当事者が国連に紛争を付託する前に地域的機構を利用する義務があるわけではない。同条をもって紛争の平和的解決に関する地域的機構の権限の優位を説明することはできない。第52条2項、3項は、国連と地域的機構の関係をある程度示している。

　国連憲章の第52条2項および3項は、紛争当事者に対して地域的機構による紛争解決を奨励し、その努力が必要であることを示唆している。さらに地域的機構は、その設立条約および諸決議において、紛争の平和的解決は国連に付託する前に地域的機構が扱うこと——地域的機構先議——の条項を定めたものが散見される[57]。国連は紛争の平和的解決に関して、あくまで第二義的機能を果たすのみであろうか。国連憲章第52条4項は、安保理による調査権、および国連加盟国および非加盟国が、紛争や事態に関し、安保理および総会の注意を促すことができるとしている。さらに第32条2項および第36条では、安保理が自らの発意で、紛争または事態のどの段階においても介入することを規定している。したがって、紛争の平和的解決に関して明確に地域的機構先議が成立するとも解釈しがたい。

　次の2点から国連と地域的機構の関係を検討してみよう。第1に紛争当事国が、地域的機構に付託せずに直接、国連に提訴することは可能か。第2に地域的機構先議は、安保理との関係で容認される主張であるのか。

　第1点に関しては、1954年のグアテマラ事件に際して、同国のアルベンス政権がOASではなく安保理にこれを提訴した。しかし安保理は、同事件に関してOASがすでに活動を開始していることを理由に、これを拒否し

た。結果として同事件は国連で取り扱われることなく、アルベンス政権は崩
壊した。また 1960 年容共的政権を樹立したキューバ政府は、西側よりの
OAS を迂回して直接国連に提訴したが、安保理は「OAS から報告を受ける
まで、この問題の審議を延期する」[58] ことを決定している。このような国連
の対応に対し、地域内に覇権国を有する中小国から非難の声が上がった。さ
らにニュージーランド政府代表は「安保理は、その到達するいかなる決定に
よっても、憲章で付与された最高の責任と権威を放棄する様相を呈すべきで
ない」[59] と主張した。グアテマラ事件に関する国連事務総長の年次報告では、
「平和維持に関して、地域的取極の重要性は、憲章の中で充分に承認されて
おり、またそのような取極の適切な使用は奨励される。しかしそのような取
極の利用が第一次的に選択される場合にも、その選択は国連の究極の責任に
対して、いかなる疑問を投げかけるものとも認められるべきではない。同様
に地域的機構の妥当な役割に充分な余地を与える政策は、同時に憲章に基づ
いて加盟国が審理を受ける権利を充分に保護することができるし、またそう
するべきである」[60] と述べている。グアテマラ事件、キューバ事件の先例は、
国連のその後の実行にとって反面教師となった。すなわち地域的機構の加盟
国は第 52 条 2 項のもと、まず地域的手段によって平和的解決を達成するよ
う誠実に努力することを要請されているが、そのために国連に対する地方的
紛争の直接的提訴を妨げられることはなく、これを直ちに安保理または総会
に通報することを選択できると考えられるようになった[61]。

　第 2 に、地域的機構先議と安保理の権限関係を検討する必要が出てくる。
国連への直接提訴が認められたことが、直ちに地域的機構先議と矛盾するも
のではないだろう。憲章第 33 条 1 項は国連への付託前に当事国による紛争
の平和的解決義務を謳っている。この義務は事前に履行されるべきことを意
図していたが、実行においてはむしろ、この義務の継続的な側面が重視され
てきた[62]。すなわち国連が紛争に介入したのちにおいても、加盟国は第 33
条 1 項による義務を解かれたわけではなく、継続して守られる義務であると
いうことである。それゆえ、紛争の平和的解決に関する国連と地域的機構の

責任は並行してはいるが独立のものと解されるだろう。したがって憲章第33条1項および第52条2・3項は、国連が紛争に介入したのちにも適用されると考えられる。

　ところで憲章第34条および第35条による安保理の権限と、憲章第52条4項の地域的機構の権限との関係を検討してみよう。まず、第35条は、国連加盟国および紛争当事国が国連に提訴する権限を認めたものであって、安保理がその紛争または事態を取り上げる権限を認めたものではない。第34条の規定は地域的機構先議と抵触するであろうか。同条は安保理の調査権を規定したのみであって紛争に介入する権限を規定したものではない。安保理は、独自の調査によって紛争の性質が、第6章の平和的解決が妥当であるか、第7章の問題であるかを判断することができる。さらに地域的機構による解決を奨励するべきか、同機構による措置が妥当か否かを判断することもできる。それゆえ、紛争の平和的解決に関して、安保理と地域的機構は、相互の権限配分が問題になるというより、両者は競合している[63]と考えるべきだろう。

　国連総会と地域的機構の権限関係についても確認しておこう。憲章第35条は総会と加盟国との関係も規定している。さらに第34条の権限についても、1947年の中間委員会に関する決議によって、安保理と同等の権限が総会にも認められてきている[64]。

　以上から、安保理か総会かを問わず、紛争の平和的解決に関しては、国連と地域的機構の関係は競合関係にあるといえよう。

b　強制措置における国連と地域的機構の関係

　本稿の主題である強制措置について国連憲章を検討してみよう。憲章第53条1項は次のように規定している。

　　第53条1　安全保障理事会は、その権威の下における強制行動のために、適当な場合には、前記の地域的取極又は地域的機関を利用す

る。但し、いかなる強制行動も、安全保障理事会の許可がなければ、地域的取極に基いて又は地域的機関によってとられてはならない。

　同条項をみるかぎり、地域的機構による強制措置（行動）は、安保理が利用するか、同理事会の許可がなければならない。換言すれば、安保理が機能しなければ地域的機構が強制措置をとる可能性はない。地域的機構の強制措置は安保理の完全な統制下にあるのである。しかし実際には、拒否権によって安保理が機能麻痺に陥る可能性があることが指摘される。拒否権条項は、ソ連の主張によって安保理の5大国に認められたが、ラテンアメリカ諸国は、この拒否権によって、すでにある程度の完成度を保っていた西半球の地域的集団安全保障制度の結束が崩されることを懸念した。ブラジル、キューバ、コロンビアなどの外務大臣は、合衆国に安保理の制度がモンロー主義やチャプルテペック協定を反故にすると抗議した。米州諸国は、国内に共産主義による転覆活動の脅威を抱えており、安保理におけるソ連の拒否権に妨害されずに米州の地域的機構が、このような脅威に対処できる国連の制度が必要であった。さらに米州諸国は、憲章第8章に「チャプルテペック」の語を挿入することによって、モンロー主義や合衆国の善隣政策を保証するように要求した。他方で合衆国側のエドワード・ステティニアス（Edward Reilly Stettinius）国務長官をはじめ、民主党政権下の担当者たちは、地域的機構が防衛同盟と化し、同盟対同盟の図式が再現することを懸念した。さらにアラブ連盟（The Arab League）も米州諸国と同様の連帯を組織しようとしていた。彼らは国連の普遍的な集団安全保障制度と地域主義との妥協点を自衛権（self-defense）に見出した。普遍的集団安全保障のもとでも自衛権は固有の権利として認められる。これを「個別的又は集団的自衛の固有の権利」とすることによって、米州諸国の懸念を払拭することを考えた。またステティニアスは「チャプルテペック」の語を国連憲章に挿入しない代わりに、公式の米州における地域的集団安全保障機構創設のための条約を策定することを約束した[65]。

　以下にみる国連憲章第 51 条の集団的自衛権は、地域的機構の概念と切り離すために、憲章第 8 章の地域的機構の章ではなく、あえて第 7 章に固有の権利として規定された。

　　　第 51 条　この憲章のいかなる規定も、国際連合加盟国に対して武力攻撃が発生した場合には、安全保障理事会が国際の平和及び安全の維持に必要な措置をとるまでの間、個別的又は集団的自衛の固有の権利を害するものではない。この自衛権の行使に当って加盟国がとった措置は、直ちに安全保障理事会に報告しなければならない。

　第 51 条は、安保理の管轄や制約から地域的機構の行動を全面的に切り離しているわけではない。第 7 章の集団的自衛権と第 8 章の地域的集団安全保障は、別々の章に規定されたとしても、実体としてその区別が難しく、また米州諸国の懸念を払拭するためにも集団的自衛権というレトリックを介して理解を求める必要があった。第 51 条をみるかぎり、地域的機構による集団的自衛権の行使は、安保理による措置の直前に暫定的に認められるか、あるいは集団的自衛権行使の直後に安保理に報告をする必要がある。とはいえ安保理が機能不全に陥った場合、「必要な措置をとるまでの間」が、長期にわたる例は多い。また集団的措置をとった直後に、安保理に報告をすれば、それ以上の制約は地域的機構に課されないと解釈できる。地域的機構による集団的自衛権の行使は、その地理的近接性、緊急性のみならず、安保理の拒否権のような制約がないため、容易に利用される。憲章第 53 条にみるような地域的集団安全保障の場合、強制措置が理念的には地域的機構の加盟国に対して発動される。これに対して集団的自衛権は、地域的機構内部より、むしろ外部（ある場合には潜在敵国を想定して）に対してなされることが多い。実際に地域的機構による強制措置は、「第二次大戦の米ソ対立の政治過程で、本来的な地域的集団安全保障から、集団的自衛権（共同防衛）に依拠する方向へと傾斜してきた[66]。」仮想敵国を想定した防衛同盟としての地域的機構

は、国連憲章第51条に基づく集団的自衛権を乱用する危険性を孕む。さらには複数の地域的機構相互間の紛争や侵略の火種となる可能性がある。このような地域的機構の存在は、地域内の利益にはなるが、普遍的な国際の平和と安全の維持には必ずしも貢献する機関とは言い切れないだろう。

3　地域的集団安全保障と集団的自衛権

前述のごとく、国連憲章は地域的機構を、国連憲章第8章において対内的指向性を有する地域的集団安全保障として規定し、他方で憲章第51条において地域外の仮想敵国からの攻撃に備える対外防衛的性格を有する集団的自衛権として分けて規定した。

（1）　冷戦期の国連と地域的機構の関係

実際の運用面において、地域的集団安全保障と集団的自衛権の行使は、明確に区別して運用されてきたであろうか。第51条と第53条をあえて区別するならば、前者が「武力攻撃が発生した場合」に限定しているのに対し、後者は強制行動の対象を安保理の権威の下における行動、すなわち憲章第39条の平和に対する脅威、平和の破壊または侵略行為に対する措置と理解することができる。また第51条は対外防衛的性格を想定しうるが、第53条は対内的指向性を包含しうる。両者を明確に区別するべきとの議論もあるが[67]、安保理の機能不全に対処し、国連の集団安全保障を機能させるために集団的自衛権の行使以外の方法は残されていない、として両者を区別せずに国連の安全保障の一環としてとらえる考え方もある[68]。中村は第51条について「地域的強制行動は実質上そのもっとも重要な部分について事前の（安保理による）統制を免れ、国連の集団安全保障体制が当初から大きな制約を受けることになった」[69]（カッコ内筆者）と指摘する。

その後の国連と地域的機構の関係は、地域的強制措置から非軍事的措置を除外する主張は、冷戦下において、軍事的措置についても国連の統制を排除

する主張につながっていく。1965 年のドミニカ危機における米州平和軍の
創設は、国連平和維持活動の米州版であって、強制行動ではないとの主張が
なされた。これをもって冷戦期において、地域的機構が国連の統制を排除し
た事例とする見方もあるが[70]、他方で安保理が米州平和軍の行動を監視し停
戦を要請するために少人数ではあるが国連事務総長代理を中心とする監視員
を現地に派遣することを決定したことから[71]、ある一定の国連による統制が
なされていたとみることもできる。

（2）　冷戦後の地域的機構による強制行動——コソボ空爆を事例として

　1999 年 3 月 24 日、NATO は、セルビア共和国の自治州コソボに、安保
理の事前の承認なしに空爆を開始した[72]。

　コソボは NATO の加盟国の域内ではなかったことから、この軍事同盟作
戦（Operation Allied Force）を域内の対内的指向性を有する地域的集団安
全保障と理解することは難しい。すなわちコソボ空爆は、国連からみても、
また NATO にとっても地域的機構による対外防衛として機能したと解され
る。空爆当日、NATO の事務総長は、以下のようにこの作戦を説明してい
る。

　　　　NATO 諸国は、この行動は完全に正統（legitimate）であり、国連安
　　　保理の論理の範囲内であると考えている。したがって、誰に対しても
　　　戦争を仕掛けるのではなく、戦争を止め、何年も戦争で苦しんできた
　　　国に平和を保証するために、この作戦に従事している[73]。

　国際法学者のルー・ヘンキン（Louis Henkin）は、「安保理の拒否権を超
えた『集団的介入の形』を模索する一環として、法を変更するための一歩を
示しているだろう」[74] としてコソボ空爆を評価する

　他方で NATO のこのような軍事行動を、批判する論評は多い。理由とし
ては、国連憲章第 2 条 4 項違反の違法な武力行使[75]、国連憲章第 51 条を拡

大解釈しすぎている[76]、安保理を無視した行動であるとするものである[77]。

　議論が百出する中で、リチャード・フォーク（Richard Falk）を中心とした「コソボ問題に関する独立国際委員会（IICK: The Independent International Commission on Kosovo Kosovo)」[78] は、NATO の空爆を「違法だが正統（Illegal but Legitimate)」な行動であったと結論付けた。

　フォークの理解が適切であったかどうかも検討の余地があるだろう。その検討のために、上図[79]に示したような「A: 合法で正統（Legal & Legitimate)」、「B: 違法で非正統（Illegal & Illegitimate)」、「C: 違法で正統（Illegal & Legitimate)」、「D: 合法で非正統（Legal & Illegitimate)」の４つに分類して、地域的機構の活動を考察してみよう。A に属する地域的機構の行動は特に議論の余地はない。また B に属する行動も特に何らかの判断を必要とする事例ではない。しかし、C および D は、国際社会が直面している様々な矛盾を反映している。コソボ空爆について IICK は C と判断した。また D の事例も国際社会には多数存在する。安保理の拒否権に阻まれて、国連が人権侵害に対して何の救済措置もとれない場合は D に相当する。コソボの事例を鑑みるに、NATO はコソボ空爆の前から、事前に安保理に許可を求めると D、すなわち人権侵害を放置する結果となると判断していた。D を選んでかつてのソクラテスのごとく、悪法も法なり（Dura lex, sed lex)[80] として毒杯を煽るか。C を選んでキング牧師（Martin Luther King Jr.）のごとく、悪法は法にあらず（Any law that degrades human personality is unjust)[81] として市民的抵抗を試みるか。NATO はこのジレンマに立たされた。A・B は議論の余地なしとしても、C・D の選択を迫られた場合、C を選ぶことが道義にかなうとの考えも理解できる。コソボ空爆

をひとつのきっかけとして、大量の人権侵害を見逃せないとの人道的見地から保護する責任（Responsibility to Protect）などの考え方が生まれた[82]。しかしCを選択した場合、正統性は文化、時代、地域によって異なる価値を内包しており、一義的に定義可能なものではない。また同概念は、大国によって巧みに操作[83]されている可能性もある。すなわち、安易にCを選択することにも注意を払う必要があろう。そのうえで、A・Bのみで切り捨てて地域的機構の行動を判断するのではなく、むしろC・Dのような矛盾の孕む状況にこそ、国際社会における安全保障およびそれをめぐる規範を前進させる契機があるとみる必要がある。

むすびにかえて
——アンビバレンツの止揚をめざして

　2022年2月に始まったロシアによるウクライナ侵攻には、いくつかの理由が挙げられるが、有力な理由のひとつとして、ウクライナが2019年2月の憲法改正により、将来的なNATO加盟を目指す方針を確定させたことが上げられる[84]。ロシアのプーチン大統領は自国の「安全保障上の脅威」と訴え、NATOの東方拡大の停止を求めている[85]。20年以上前の出来事とはいえロシアは、NATOのコソボ空爆を国連憲章違反として非難する決議案を安保理に提出した（ロシア、中国、ナミビアの共同提案）が、12ヵ国の反対で否決された[86]。ロシア側からみれば、NATOは自国を仮想敵国とする対外防衛的性格を有するものと映る。結果としてロシア側もNATOと対抗する防衛同盟ともいえる地域的機構を増やす結果となったともいえる。集団安全保障条約機構（CSTO: Collective Security Treaty Organization）はロシア、ベラルーシ、アルメニア、カザフスタン、キルギス、タジキスタンを加盟国とする。また上海協力機構（SCO: Shanghai Cooperation Organization）は、ロシア、中華人民共和国、インドなどを加盟国とする。冷戦後においても国連憲章起草者たちが懸念した同盟対同盟の図式が復活し

たという見方もありうる。他方で、国連を介さずに地域的機構同士が協力関係を模索する動きもある。その評価は難しいが1997年のNATO/ロシア基本議定書も過去の一例であろう。2009年のOAS/AU間の協力関係を強化するための覚書[87]などは人権と民主主義を推進するための協力の枠組みとなった。さらにその国際法的な位置づけは難しいが地域的機構の事務局間の協定などの締結の動きも見られる。地域的機構の存在が、必ずしも常に対外防衛的性格を有すると即断するのも短兵急であろう。

　「違法だが正統」というIICKの論理は、西側から見れば国連による集団安全保障をさらに一歩推し進めて、NATOが地球規模の対内的指向性を有する集団安全保障に一役を担った。すなわちCからAへの変革を目指した措置であったと説明できる。しかしロシア側から世界を見ると、今回のウクライナ紛争に大きく影を落とす先例になった可能性も否定できない。とはいえ、前述のCやDの状況こそ、新たな国際社会の安全保障や規範さらにはルールを生成する原動力になることを繰り返し述べたい。

注

1　小寺彰・岩沢雄司・森田章夫編『講義国際法』有斐閣、2010年、498頁。

2　本稿では便宜的に地域的取極または地域的機関の総称を地域的機構（Regional Organizations）として記す。

3　James Monroe, "The Monroe Doctrine," 1823, accessed 8 March 2023, https://usinfo.org/PUBS/LivingDoc_e/monroe.htm.

4　*Ibid*.

5　下川辺美知子『モンロー・ドクトリンの半球分割』彩流社、2016年、11頁。同書では、モンロー主義が、東半球と西半球をメンタル的に2つに分割する大きな契機となることを指摘している。

6　国際行政連合と国際機構の相違、および国際機構の定義については、横田洋三「第1章　国際機構の歴史的発展と現況」渡部茂己・望月康恵編『国際機構論（総合編）』国際書院、2015年、16-23頁。

7　篠原初枝『国際連盟—世界平和への夢と挫折』中公新書、2010年、20頁。

8　西崎文子「モンロー・ドクトリンの普遍化─その試みと挫折」『アメリカ研究』20 号（1986 年）、188-190 頁。

9　同上、191 頁。

10　Woodrow Wilson, "Peace Without Victory," 1917, accessed 21 January 2023, http://web.mit.edu/21h.102/www/Wilson%20Peace%20Without%20Victory.htm.

11　西崎、前掲論文。

12　Woodrow Wilson, "President Woodrow Wilson's Fourteen Points," 1918, accessed 21 January 2023, https://avalon.law.yale.edu/20th_century/wilson14.asp.

13　西崎、前掲論文、187 頁。

14　国境紛争については、中井愛子『国際法の誕生─ヨーロッパ国際法からの転換』京都大学学術出版会、2020 年、545-548 頁；帯谷俊輔『国際連盟─国際機構の普遍性と地域性』東京大学出版会、2019 年、129-131 頁。

15　"First issue of "The New Republic" published," 1914, accessed 21 January 2023, https://www.history.com/this-day-in-history/first-issue-of-the-new-republic-published.

16　西崎、前掲論文、197 頁。

17　James E. Jr. Hewes, "Henry Cabot Lodge and the League of Nations," *Proceedings of the American Philosophical Society*, Vol.114, No.4 (1970), pp.245-255. See also, Henry Cabot Lodge, "Constitution of the League of Nations," 1919, accessed 21 January 2023, https://www.senate.gov/artandhistory/history/common/generic/Speeches_Lodge1919.htm.

18　Elihu Root, "The Real Monroe Doctrine," *Proceedings of the American Society of International Law at Its Annual Meeting (1907-1917)*, Vol. 8 (April 22-25, 1914), pp. 6-22.

19　"Who's Who: Robert Lansing," 2009, accessed 21 January 2023, https://www.firstworldwar.com/bio/lansing.htm.

20　David Hunter Miller, *The Drafting of the Covenant I* (G.P. Putnam's Sons, 1928), p.29.

21　帯谷、前掲書、170 頁。

22　帯谷は、①連盟による一元的統制、②連盟＝地域的機構の独立的・水平的関係、③連盟自体の地域的分割、という 3 つのモデルを検討する。筆者の問題意識は、連盟の時代に地域的機構を地域的集団安全保障として捉えていたか、地域的

集団防衛機構として捉えていたかという二択の問いである。

23　中井、前掲書、69 頁。

24　帯谷、前掲書、176 頁。

25　アジア・モンロー主義については、草野大希「日米の台頭と地域的国際秩序の連鎖─東アジアと米州における覇権の正当化とモンロー主義」『国際政治』183 号（2016 年）、31-44 頁が詳しい。また、アジア・モンロー主義に関する批判的検討として、Ryan Martínez Mitchell, "Monroe's Shadow: League of Nations Covenant Article 21 and the Space of Asia in International Legal Order," *TWAIL Review*, Issue 2 (2021), pp.200-231.

26　"The Imperial Japanese Mission to the United States, 1917, Appendix B, 'The Lansing-Ishii Exchange of Notes,'" 1917, accessed 10 December 2022, https://net.lib.byu.edu/~rdh7/wwi/comment/japanvisit/JapanA2.htm.

27　北川忠明「第一次世界大戦期の石井菊次郎─石井菊次郎の国際連盟外交と日仏外交の検討のために」『廣島法学』41 巻 3 号（2018 年）、46-49 頁。

28　内藤徹雄「研究ノート：欧州統合の提唱者、クーデンホーフ・カレルギーの思想と行動」『共栄大学研究論集』第 4 号（2006 年）、165 頁；小島健「戦間期における欧州統合構想」『経済学季報（立正大学）』56 巻 1/2 号（2006 年）、41 頁。

29　植田隆子『地域的安全保障の史的研究─国際連盟時代における地域的安全保障制度の発達』山川出版社、1989 年、53-69 頁。

30　松隈徳仁「ロカルノ条約─安全保障問題を中心に」『国際政治』10 号（1959 年）、33 頁。

31　植田、前掲書、80-82 頁。

32　同上、185-236 頁。

33　"Joint Declaration of the President of the United States and the Prime Minister of Great Britain (The Atlantic Charter), 1941," in *The United Nations System and Its Predecessors*, Volume I, eds. Franz Knipping, Hans von Mangoldt, and Volker Rittberger, (Oxford University Press, 1997), p.3.

34　"Declaration of Four Nations on General Security (The Moscow Conference), October 1943," in *The United Nations System and Its Predecessors*, Volume I, eds. Knipping, Mangoldt, and Rittberger, (1997), p.5; Robert Hildebrand, *Dumbarton Oaks: The Origins of the United Nations and the Search for Postwar Security* (The University of North Carolina Press, 1990), p.19. なお 1940 年の独

仏休戦協定によってフランスはドイツに敗戦を喫し、4 国宣言に参加することはできなかった。

35　"Dumbarton Oaks Proposals," Folder S-1006-0001-06, 25 March 1945, accessed 18 December 2022, https://search.archives.un.org/dumbarton-oaks-proposals.

36　Hildebrand, *op.cit.*, p.24.

37　*Ibid.*, p.25.

38　*Ibid.*, pp.39-40. この時チャーチルは、ソ連のみならずドイツをも警戒し、4 大国にフランスを加えて 5 大国にすることを提案している。

39　*Ibid.*, p.45.

40　*Ibid.*, p.164.

41　*Ibid.*, p.59.

42　*Ibid.*, p.166.

43　*Ibid.*, p.52.

44　*Ibid.*, pp.164 and 170.

45　*Ibid.*, p.167.

46　*Ibid.*, p.168.

47　*Ibid.*, p.169.

48　1904 年 12 月、セオドア・ルーズベルト（Theodore Roosevelt）が「モンロー主義の論理的帰結が米州地域におけるアメリカの介入を必要とする」との一般教書を打ち出し、中南米への介入主義的傾向を強めることとなった。このアメリカによる中南米への介入主義的傾向については、草野大希『アメリカの介入政策と米州秩序—複雑システムとしての国際政治』東信堂、2011 年が詳しい。

49　同上、399-419 頁。

50　"Havana Meeting of Ministers of Foreign Affairs of the American Republics, July 21-30, 1940, A Decade of American Foreign Policy 1941-1949," accessed 20 December 2022, https://avalon.law.yale.edu/20th_century/decad058.asp.

51　"Rio De Janiero Meeting of the Ministers of Foreign Affairs of the American Republics, January 15-28, 1942," accessed 20 December 2022, https://avalon.law.yale.edu/20th_century/decad059.asp.

52　"Inter-American Reciprocal Assistance and Solidarity（Act of Chapultepec）; March 6, 1945," accessed 20 December 2022, https://avalon.law.yale.edu/20th_century/chapul.asp.

53　*Ibid.*

54　初期の国連憲章の地域的機構については、Inis L. Claude, Jr., "The OAS, the
　　UN and the United States," *International Conciliation*, No.547 (1964); Norman
　　J. Padelford, "Regional Organization and the United Nations," *International
　　Organization*, Vol.8, Issue 2 (1954); Leland M. Goodrich, Edvard Hambro,
　　and Ann Patricia Simons, *Charter of the United Nations: Commentary and
　　Documents* (Columbia University Press, 1969); Hans Kelsen, *The Law of the
　　United Nations: A Critical Analysis of its Fundamental Problems* (Frederick A
　　Praeger Pub. (for London Institute of World Affairs), 1969)；中村道「地域的機
　　関先議の主張―国連憲章上の限界(1)(2)(3・完)」『法学会雑誌（岡山大学）』21
　　巻1号（1971年）、21巻3・4号（1972年）、第27巻1号（1977年）；高野雄一
　　『国際組織法』有斐閣、1975年、46-102頁、384-402頁；神谷龍男『国際連合の
　　安全保障』有斐閣、1971年、115-143頁などを参照のこと。

55　Padelford, *op.cit.*, p.204.

56　神谷、前掲書、123頁。

57　例えば、OAS、アラブ連盟など。

58　Security Council, S/RES/144, 19 July 1960.

59　Security Council Official Records, 9th year : 676th meeting, 25 June 1954,
　　paras.29-30.

60　General Assembly Official Record, 9th Sess., Suppl. No.1 (A/2663), 1954, p.xi.

61　中村「先議の主張」第21巻3・4号、381頁。

62　Goodrich, Hambro, and Simons, *op.cit.*, p.261.

63　中村「先議の主張」第21巻3・4号、407頁。

64　Goodrich, Hambro, and Simons, *op.cit.*, p.122.

65　地域主義と国連憲章の関係に関する経緯は、Stephen C. Schlesinger, *Act of
　　Creation: The Founding of the United Nations* (Westview press, 2003), pp.175-
　　192.

66　高野、前掲書、98頁。このような集団的防衛同盟としてNATO、集団安全
　　保障条約機構（CSTO: Collective Security Treaty Organization）、上海協力機
　　構・地域対テロ機構（SCO RATS: Shanghai Cooperation Organization Regional
　　Anti-Terrorist Structure）などがある。

67　Sir Eric Beckett, *The North Atlantic Treaty, the Brussels Treaty and the Charter of the United Nations* (Stevens & Sons, 1950), p.7.

68　Hans Kelsen, "Collective Security and Collective Self-Defense Under the Charter of the United Nations," *The American Journal of International Law*, Vol.42, No.4 (1948), pp.783-796.

69　中村道「国際連合と地域的機構の関係―60 年の変遷と課題」『世界法年報』第 28 号（2009 年）、155 頁。

70　同上、160-161 頁。

71　Security Council Official Records/S/RES/203/Mat 14, 1965. 拙稿「1965 年ドミニカ危機における国連と米州機構の役割」『国際政治』81 号（1986 年）、179-195 頁。

72　コフィ・アナン（Kofi Atta Annan）国連事務総長「NATO を間接的に批判」「懲罰空爆割れる賛否：安保理許可ない」『朝日新聞』1999 年 3 月 24 日（朝刊）。

73　"Press Conference by Secretary General, Dr. Javier Solana and SACEUR, Gen. Wesley Clark, NATO HQ-15.00 Hours, on March 25, 1999," accessed 10 January 2023, https://www.nato.int/kosovo/press/p990325a.htm.

74　Louis Henkin, "Editorial Comments: NATO's Kosovo Intervention, Kosovo and the Law of 'Humanitarian Intervention'," *American Journal of International Law*, Vol.93, No. 4 (1999), pp.824-828.

75　Riyana Karim-Hajiani, "Unauthorized Humanitarian Intervention in World Politics," *Flux: International Relations Review*, Vol. 13, No. I (2023), pp.55-61.

76　Noam Chomsky, "Illegal but Legitimate: A Dubious Doctrine," 2005, accessed 8 March 2023, https://www.giffordlectures.org/lectures/illegal-legitimate-dubious-doctrine.

77　ブトロス・ガリ（Boutros Boutros-Ghali）「力に屈せず主体性築け―ガリ前国連事務総長インタビュー」『朝日新聞』1999 年 7 月 11 日（朝刊）。

78　The Independent International Commission on Kosovo, *The Kosovo Report: Conflict, International Response, Lessons Learned* (Oxford University Press, 2000).

79　Anthea Roberts, "Legality vs Legitimacy: Can Uses of Force be Illegal but Justified?" in *Human Rights, Intervention, and the Use of Force*, eds. Philip Alston and Euan Macdonald (Oxford University Press, 2008), p.206 に掲載された Figure を筆者が大幅に修正して作成。

80 プラトン『ソクラテスの弁明・エチュウプロン・クリトン』角川文庫、2004 年、126 頁。「悪法も法なり」を意図した発言部分。

81 "Martin Luther King Jr. on Just and Unjust Laws: Excerpts from a letter to fellow clergymen written from Birmingham City Jail, April 16, 1963." accessed 8 March 2023, https://kinginstitute.stanford.edu/sites/mlk/files/letterfrombirmingham_wwcw_0.pdf.

82 International Commission on Intervention and State Sovereignty, *The Responsibility to Protect: Report of the International Commission on Intervention and State Sovereignty* (IDRC, December 2001).

83 Roberts, *op.cit.*, p.212.

84 外務省「ウクライナ基礎データ」(https://www.mofa.go.jp/mofaj/area/ukraine/data.html, 2023 年 2 月 25 日)。

85 「NATO とは 米欧 30 カ国加盟「攻撃受けたら反撃」明記」『日経新聞』2022 年 3 月 15 日 (https://www.nikkei.com/article/DGXZQOCB144WS0U2A310C2000000/, 2023 年 2 月 25 日)。

86 Security Council Official Record, pv.3989mtg., 26 March 1999.

84 OAS and African Union to Cooperate on Issues of Promotion of Democracy and Human Rights, accessed 8 March 2023, https://www.oas.org/en/media_center/press_release.asp?sCodigo=E-316/09.

2 欧州における「安全保障」概念と
国連の役割の再検討

玉 井 雅 隆

1 問題の所在

　国際連盟が第二次世界大戦を防ぐことができなかった反省を踏まえた上で成立した国際連合では、その憲章第8章において地域的取り決めに関する規定を置いている[1]。起草者のアイデアとしては、安全保障理事会を中心とする国連が世界の平和と安全に責任を持つと同時に、各地域においては各地域の地域的国際機構が平和と安全に責任を国連と共有する、即ち重層的安全保障枠組を想定するものであった。しかし国際政治環境が米ソ対立を中心とする冷戦体制に移行すると、そのような地域的安全保障枠組は北大西洋条約機構やワルシャワ条約機構のような、集団的安全保障機構の存在を是認し、かつそれらの地域的安全保障機構間の対立を正当化するものとなったのである。アジアでは陣営間対立は朝鮮戦争やベトナム戦争のような熱戦となり、またアフリカでもナミビア独立を巡る対立等、軍事衝突が見られた。

　冷戦終結後、アフリカ連合などの地域的国際機構と国連は協力関係を構築し、地域の問題解決に当たる上で大きな役割を果たしている。このことは重層的な地域的国際機構の枠組が構築された冷戦後欧州においても同様であり、OSCE と国連の協働行動も実施されるようになってきている[2]。この様に地域の平和維持に関して国連が地域的国際機構と協働して関与することが進展する一方で、2022 年のロシアによるウクライナへの軍事侵攻は、国連の常

任理事国が関与する紛争に対する国連の限界を改めて示したとされる[3]。しかしながら、地域的国際機構と関連させて検討した場合には、そのような「限界論」とは異なった様相を呈する。本稿では欧州に焦点を絞り、欧州における地域的国際機構の重層的枠組に関して検討した後に、国連の果たしうる役割に関して論じていくものである。

2　欧州における地域的国際機構の重層性と国連

（1）　冷戦期欧州における地域的国際機構

　冷戦期において欧州が西側、東側並びに非同盟・中立諸国に分かれていたことを反映し、地域的国際機構も軍事的機構としてはアメリカを中心とする西側諸国の集団的安全保障機構である北大西洋条約機構（NATO）、ソ連を中心とする東側諸国の地域的集団安全保障機構であるワルシャワ条約機構（WTO）が、経済統合の組織としては西側が欧州経済共同体（EEC、後に欧州共同体（EC））、東側諸国は経済相互援助機構（COMECOM）が設立された[4]。このように、冷戦期においては冷戦後とは異なる形態によって東西両陣営内で、それぞれ地域的国際機構が成立していたといえる。そして、以下表1で示すように、東側諸国がEECやECを単一の法人格を有する組織として認めないなど、欧州内部において分断はやはり存在していた[5]。

　そのような中、東西両陣営の安全保障対話を目的として、欧州安全保障協力会議（CSCE）構想が1960年代後半に持ち上がり、1975年には東西両陣

表1　冷戦期欧州における地域的国際機構枠組概念図[6]

	西側諸国	非同盟・中立諸国	東側諸国
安全保障対話	欧州安全保障協力会議		
集団的安全保障	北大西洋条約機構		ワルシャワ条約機構
経済共同体	欧州共同体		経済相互援助会議
人権	欧州審議会		
地域的機構	北欧審議会		

営に属さないスイス、スウェーデンやユーゴスラヴィアなどの非同盟・中立
諸国も集まる形でヘルシンキ最終議定書が出されることになった。ヘルシン
キ宣言は3バスケット10原則からなり、それぞれ西側諸国が関心を寄せて
いた人権問題、東側諸国が関心を寄せていた経済協力などからなるもので
あった[7]。

　冷戦期には3回の再検討会議が開催され、それぞれ諸国のヘルシンキ最終
議定書に関する履行状況に関して討議が実施された。東西両陣営はその再検
討会議においても従来の主張を繰り返し、歩み寄りは困難であった。しかし
1985年のソ連におけるゴルバチョフ政権の登場並びに新思考外交の展開は、
東側諸国の外交姿勢を同時に少しずつ軟化させていくものであった。1989
年に生じた東欧革命による東側諸国の共産党政権の崩壊は、西側諸国との見
解の相違を乗り越えるものであり、1990年のパリ憲章（Charter of Paris)
に結実するものであった[8]。

（2）　冷戦後欧州における地域的国際機構

　冷戦末期にはすでに、民主化を果たしたスペイン、ポルトガルがNATO
加盟を果たし「非同盟・中立諸国」陣営から西側陣営へ変更された。また、
西側諸国で構成される欧州審議会にフィンランドなどの北欧中立諸国やスイ
ス、オーストリアが加盟するなど、既に欧州における国際機構秩序は変容し
つつあった。

　このような素地の元、共産党一党独裁体制を崩壊させ、「欧州への復帰」
を掲げた中東欧諸国は欧州審議会加盟を果たすようになる。また従来から存
在し続けている全欧州規模の地域的国際組織であるCSCEも、従来の東西
両陣営間の対立が消滅したことから、全欧州規模の地域的国際機構として人
権規範などの規範の統一などを行うことになる。また安全保障面に関して
も、軍事同盟であったワルシャワ条約機構が解散したことを受けてより関与
する方向に議論が行われた。この様にCSCEのみならず、それまで「西側
諸国の」地域的国際機構であった欧州審議会も「全欧的規模」の地域的国際

表2　冷戦後欧州における地域的国際機構枠組概念図

	西側諸国	非同盟・中立諸国	東側諸国
安全保障対話	欧州安全保障協力会議		
集団的安全保障	北大西洋条約機構		
経済共同体	欧州連合		
人権	欧州審議会		
地域的機構	黒海経済協力機構、北欧審議会		

機構となり、以下の表2に示すように、ここに東西に分断されていた重層的国際機構枠組が、一つの重層的国際機構枠組へと収斂・変化することとなった[9]。

　さて、このような地域的国際機構の重層性に関しては、他地域においてもアフリカ連合（AU）と西アフリカ諸国経済共同体（ECOWAS）のように、全体的な地域的国際機構と地域的機構が重複することが見られる。しかし、欧州における重層性の特徴は、規範形成がそれらの地域的国際機構間の動きによって形成されていくものである。

　その一つの例が、ナショナル・マイノリティに関する規範形成である。マイノリティ保護の規範に関しては、国際社会は冷淡であった。即ち、市民としての人権保護がなされれば十分であり、マイノリティ保護枠組の形成は国家形成の障害物となりうるとみなし、アジア、アフリカの新興独立国を中心として一部先進国も含めて消極的であった[10]。しかしながら、冷戦終結後の欧州においてはソ連、ユーゴスラヴィアの崩壊やその前後に相次ぐ民族紛争などで、何らかのマイノリティ保護枠組を形成する必要性に迫られていた。特に国境外に血縁上の母国（Kin-State）を有するナショナル・マイノリティの保護枠組に関しては、マイノリティを巡る国内問題が国家間紛争へと拡大する懸念もあったことから、CSCEにおいては、以下表3にて示されるような提案も出され、喫緊の課題となっていた[11]。

　ユーゴスラヴィア崩壊時にECの議長国であったオランダは、ユーゴスラヴィア崩壊を防ぐことができなかったという経験から、1992年に開催され

表3 CSCEジュネーブ少数民族専門家（1991年）におけるマイノリティ保護枠組を巡る各国提案[12]

案件名	提案番号	主な提案国	主な賛同国
人的メカニズム活用案	REMN.1	非同盟・中立諸国	ドイツ、イギリス、北欧諸国、ソ連、ルーマニア、ブルガリア
ラポルトゥール設置案	REMN.15	チェコ・スロヴァキア、ポーランド、ハンガリー	スウェーデン、ノルウェー
マイノリティ・パネル案	REMN.19	アメリカ	スウェーデン
オンブズマン制度設置案		チェコ・スロヴァキア	

たCSCEプラハ閣僚級理事会において、新たなマイノリティ保護の為にマイノリティ高等弁務官（High Commissioner for Minorities）設置提案を提出した[13]。オランダもこの会合で弁務官が設置されるとは考えておらず、3月から開催されることになるCSCEヘルシンキ首脳会議準備会合の場にこの提案を再提出することになる。

　マイノリティ保護枠組の必要性を認識しながらも、マイノリティ保護枠組の構築には消極的であるアメリカ、フランス、イギリス、スペインなどに配慮し、オランダはこの職を「紛争予防のための」弁務官であると説得した。最終的には少数民族高等弁務官（High Commissioner on National Minorities）として、1992年7月に開催されたCSCEヘルシンキ首脳会議において、設置が認められた。このように、冷戦期には欧州審議会においても議論され、フランスの反対によって立ち消えとなったマイノリティ保護枠組であるが、マイノリティ保護規範の形ではなく、紛争予防（安全保障）規範としてマイノリティ保護枠組の形成を行う、という新たな規範形成がCSCEにおいてなされることになった。

　さてこのように、CSCEにおいて人権規範ではなく安全保障規範としてマイノリティ保護規範が形成されると、次に反応したのはEUであった。EUとしては、国家間紛争の火種となりかねないナショナル・マイノリティが多

く居住する中東欧諸国への拡大を前にして、それら諸国に対して 1993 年コペンハーゲン欧州理事会（Copenhagen European Council）において、いわゆる「コペンハーゲン基準（Copenhagen Criteria）を採択し、明示することになった。このコペンハーゲン基準は 3 条件が示されたが、その中には「当該国家におけるマイノリティの保護」も含まれていた[14]。EU から示された基準は、EU 法の受容や経済システムの受容などに関しては具体的な基準が設けられていたものの、マイノリティ保護に関してはその具体的な規範に関しては既に前年までに構築されていた、CSCE の基準を流用するというものであった。換言すると、CSCE によって冷戦終結後に様々な議論を経て構築されていったマイノリティ保護規範を、そのまま EU が受容するという形となった。

　また、欧州審議会も 1992 年には欧州審議会決議 1203 を出し、法的規範構築に動き始めた。この動きも CSCE におけるマイノリティ保護規範設定の動きを受けたものであり、中東欧諸国を含めた欧州審議会加盟国は、この決議に従う義務を負った。

　この法的規範構築の動きは、欧州審議会の下に制定された少数民族保護枠組条約（Framework Convention on National Minorities）の制定に結実することになる。この条約では、条約加盟国政府に対してナショナル・マイノリティを含むマイノリティの保護を求めたものであり、定期的に自国のマイノリティに関する報告書を提出する義務を負わせた[15]。これは、あくまで安全保障規範であるとする CSCE の構築した政治的規範を乗り越えていくものであったといえる。この他にも南東欧安定化条約、欧州安定化条約なども締結され、いずれの条約もマイノリティ保護枠組の一翼を担う存在となっていると言える。

　以上に検討してきたように、地域的国際機構の重層的存在は規範構築に際して地域的国際機構間に共鳴し、発展していくものであると言える。即ち、一つの規範が生み出され、それが法的、政治的規範として最初の規範創設者の意図を越えて発展していく典型例であると言える。

3　ウクライナ紛争における OSCE と国連の協働

前章では、地域的国際機構が重層的に存在する欧州において規範の共鳴と進化に関して、論じてきた。本章では、国連との関係性において議論を進めていく。

（1）　規範の限界－「ウィーンの西」と「ウィーンの東」問題

前章では欧州においては、地域的国際機構が重複して存在し規範の共鳴が生じている点に関して論じてきた。それでは、そのような地域的国際機構が重複して存在していない地域である、旧ソ連諸国に関してはどのように考えることが可能であろうか。

旧東側諸国でワルシャワ条約機構、COMECOM に加盟していた国々は冷戦終結後、EU や NATO に加盟することを希望してきた。冷戦期に孤立していたアルバニアや、内戦などを経験してきた旧ユーゴスラヴィア諸国に関しても同様である。そして EU や NATO はそれら諸国の将来的な加盟に関してある程度確約することで、OSCE などが築き上げてきた民主主義、法の支配、人権尊重などの規範の順守を国内政治に導入することとなった。

しかしながら、そのような EU や NATO への加盟に関する期待が低いバルト三国を除く旧ソ連諸国に関しては、そのような諸規範導入に関する動機づけが存在しないことから、規範導入に関して抵抗が見られた。バルト三国を除く旧ソ連諸国のうち、欧州審議会に加盟しているのがモルドヴァ、ウクライナ、ロシア及びカフカス諸国であり、ベラルーシは同国内の人権状況などが問題視され、加盟が保留されている状況である。EU や NATO に関しても加盟に対する期待は低く、故に地域的国際機構の重層的存在ではなく、単層的な存在にとどまっている。

さらに、欧州における規範創設者の一つである OSCE に対しても、旧ソ連諸国はその活動に対して反発を強めている。いわゆる「ウィーンの東

（East of Vienna）」問題であり、その問題の本質は、OSCE 内における EU、NATO 加盟諸国と非加盟諸国との格差である。即ち、OSCE 本部がある「ウィーンの東」に位置する CIS 諸国に対して、「ウィーンの西」に所在する西側諸国が自らの規範を OSCE における規範として、その規範に基づく実行を押し付けている、と反発している問題である。

表4　OSCE 選挙監視の回数（2005 年 1 月 1 日～ 2021 年 12 月 31 日）[16]

国名	選挙監視回数	国名	選挙監視回数
旧西側・冷戦期からの欧州審議会加盟国（ウィーンの西）		旧東側（ウィーンの東）	
アイスランド	2(2)	アルバニア	8(0)
アイルランド	0	エストニア	4(4)
イギリス	5(5)	スロヴァキア	4(4)
イタリア	3(3)	チェコ	2(2)
オーストリア	4(4)	ハンガリー	3(1)
オランダ	4(4)	ブルガリア	8(2)
ギリシア	3(3)	ポーランド	5(4)
スイス	3(3)	ラトヴィア	4(1)
スウェーデン	0	リトアニア	3(3)
スペイン	4(4)	ルーマニア	4(4)
デンマーク	0	合計(10 ヵ国)	45(25)
ドイツ	2(2)		
トルコ	9(4)	旧ユーゴスラヴィア	
ノルウェー	3(3)	クロアチア	5(2)
フィンランド	1(1)	スロヴェニア	2(2)
フランス	3(3)	セルビア	9(2)
ベルギー	2(2)	ボスニア	5(0)
ポルトガル	1(1)	北マケドニア	11(1)
ルクセンブルク	0	モンテネグロ	7(0)
小計(19 ヵ国)	49(44)	合計(6 ヵ国)	39(7)
北アメリカ		旧ソ連・CIS(ウィーンの東)	
アメリカ	5(1)		
カナダ	2(2)	アゼルバイジャン	6(1)

小計	7(3)	アルメニア	6(1)
合計(21ヵ国)	56(47)	ウクライナ	11(1)
		ウズベキスタン	6(1)
非同盟・中立		カザフスタン	8(0)
アンドラ		キルギス	11(0)
キプロス	2(2)	ジョージア	10(1)
サンマリノ	0	タジキスタン	7(3)
バチカン	0	トルクメニスタン	2(2)
マルタ	2(2)	ベラルーシ	8(0)
モナコ	1(1)	モルドヴァ	13(0)
リヒテンシュタイン	0	ロシア	3(0)
合計(7ヵ国)	5(5)	合計(12ヵ国)	69(10)
		その他	
アジア		アフガニスタン	1(0)
モンゴル	3(0)	欧州連合(欧州議会)	1(1)
合計	3(0)	合計	2(1)

　実際に表4に示した通り、OSCE の主要活動の一つである選挙監視活動に関して旧ソ連諸国と旧西側諸国では明確な差異が生じており、また主要機関の人事に関しても EU・NATO 加盟国から起用されることが多いのである。この点に関してロシアや旧ソ連諸国は繰り返し批判を行っており、OSCE 側も事実上その存在を認める形となっている。このように、OSCE では「ウィーンの東」問題が外在化し、「ウィーンの東」諸国はしばしば批判を行っている。即ち一部参加国はその不均衡性に関し不満を有しているのである。しかし OSCE では「ウィーンの東」諸国は不均衡性に対して批判を加えつつ、それでも OSCE の存在を否認することはない。

　CSCE ブダペスト首脳会議におけるエリツィン大統領の「冷たい平和」演説から 25 年が経過した今も、ロシアや CIS 諸国は「ウィーンの東」問題を批判しつつも、脱退などを実際には行っていない。また CIS 諸国で受け入れている長期滞在型使節団なども、一部諸国で撤退や規模の縮小が行われて

いるものの、完全撤退には至っていない。また、ロシアはウクライナ情勢に
伴い 2022 年 3 月に欧州審議会に対し脱退申請を行い、その後に開催された
臨時閣僚級理事会においてロシアの追放が決定された[17]。しかし一方で、ロ
シアは OSCE 議長国議長であるポーランドに対し、常設理事会において繰
り返しその対応などを批判する。ポーランドは OSCE 議長国議長であると
同時に EU・NATO 加盟国であり、ロシア側からは「ウィーンの西」であ
ることは明白であり、OSCE 自体に対してもロシアは批判を加えている状況
である。しかし、ロシアは最終的な脱退には至っていない[18]。

　現在の「ウィーンの東」問題は、冒頭に言及した 2001 年のロシア・ベラ
ルーシ提案における問題提起を起点としている。2001 年に発生した 9.11 テ
ロ後の米ロ関係の好転を受けてしばらくはこの問題は姿を消すが、2004 年
には再度ソフィア閣僚級理事会準備会合において、「ウィーンの東」問題が
登場するようになる。その後、今の時点に至るまでこの「ウィーンの東」問
題は国際関係の従属変数である、ということである。特にアメリカとの関係
悪化時であり、逆に「ウィーンの西」諸国との関係性が悪くない時には批判
を控えることになる。

　多国間国際関係において、貿易、環境、資源や人権などの分野ではしばし
ば「レジーム」の構築が行われ、そのレジーム内でのルールの範囲内で各国
は行動する。また、レジーム内のルール（規範）も構築される。OSCE にお
いては、1990 年のパリ憲章、1999 年のイスタンブール宣言など様々な機会
において、「民主主義・人権・法の支配」は包括的安全保障概念に内包化さ
れ、参加国において内部規範化されているはずであった。そして OSCE で
はその規範の内部化の促進のために、これまでに言及した通り民主制度・人
権事務所をはじめとして諸機関が様々な活動を行っている。

　先にも検討した通り、2000 年以降その「規範」遵守のために設定されて
いる選挙監視や LTMs などに関し、「ウィーンの東」諸国から異議申し立て
が行われるようになった。しかしながら異議申し立ては行いつつも、いまだ
それらの活動は継続し、「ウィーンの東」諸国も受容している。それは

「ウィーンの東」諸国によってその OSCE の従来からの規範そのものに対抗するのではなく、その規範を受容するふりをしつつも、対抗規範を打ち出しているとみなすことが可能である [19]。

　OSCE の選挙監視が 1999 年のイスタンブール文書にもあらわされた「包括的安全保障」に基づくものであり、人権、民主主義、法の支配などの諸原則は 1990 年に出されたコペンハーゲン文書やパリ憲章にもあるように、国家管轄権より上位に位置する、とする。「ウィーンの西」諸国では OSCE の他に欧州審議会、EU、NATO や地域的国際機構である北欧理事会に加盟しており、この規範は受容されていると考えることが可能である。しかし「ウィーンの東」諸国ではそのような国際機構の重複がなく、また重複する可能性も少ない [20]。しかしながらその規範は既に合意形成されたものであり、また「民主主義、人権、法の支配」概念自体を否定することは困難である。その為に、「ウィーンの東」諸国はそれら規範を一応は受容したうえで、「国家主権・内政不干渉」概念を上位とする新たな対抗規範を策定し、「対抗規範」としたものである [21]。

　この対抗規範の存在により、「ウィーンの東」諸国は自国の政治体制の在り方を正当化することが可能となり、また「ウィーンの東」問題が継続することになったのである。このことは、選挙監視活動のみならず、LTMs に関しても同様である。

　一方で OSCE 側にとっても、選挙監視活動であれば西側諸国への選挙監視活動を増やしたり、機関トップに旧ユーゴスラヴィア出身者を入れるなど、この「ウィーンの東」問題への対処を行っている。しかし実態としては、選挙監視活動が実質的には「ウィーンの西」側では「ウィーンの東」側よりも軽いものであったり、自由メディア代表よりも活動が活発である民主制度・人権事務所長が「ウィーンの西」諸国出身者で占められているなど、実態としては以前と変更はない。また、LTMs に関しても権限・人員縮小によって存続を図るなど、実態としては「ウィーンの東」諸国と妥協しているといえる。

　次に OSCE 内において「ウィーンの東」と「ウィーンの西」がなぜ解消されないのか、という点に関して最後に検討する。「ウィーンの東」諸国にとっては先にも検討した通り、OSCE の策定し「ウィーンの西」諸国が受容する民主主義規範に関しては抵抗を示す存在である。同時に、OSCE 側も「ウィーンの東」諸国に対してそのような規範を本来は受容を迫りつつ、そのために現地滞在型使節団や選挙監視活動を行う。この現状では双方の溝は埋まらず、分断は継続する。しかしながら、その分断は双方にとっていわば「自己防衛線」となっており、規範が相手側陣営に乗り入れる際には、その規範が変形する。即ち、「ウィーンの東」諸国にとっては選挙監視や現地滞在型使節団を受け入れることで民主主義規範を、自らに都合のいいように変形させ、外見上受容を行っている。

　一方で OSCE、特に「ウィーンの西」諸国側も、「ウィーンの東」諸国の対抗規範を受け入れて賢人会議を開催するなど改革に向かう姿勢を見せるが、事実上は各機関のトップを見てもわかる通り、何も変化を見せていない。即ち対抗規範を外見上受容するが、「ウィーンの東」諸国と同じくその対抗規範を変形させ、事実上受容はしない。このような関係性、即ち「ウィーンの西」「ウィーンの東」諸国にとって分断線や OSCE の存在は、相手方の規範並びに対抗規範受容に対する「中立地帯」の役割を果たしており、分断が継続していると考えることができる。

（2）「重層的地域的国際機構」の逆流

　2022 年には、ロシアがウクライナ領内のロシア語話者の保護を名目として「特別軍事行動」を実施、実質的にウクライナに対し戦争を始めた。ロシア軍が国境に配置されているなど、その予兆は侵攻前から見られたこともあり、OSCE でも早期警戒が宣言されていた。

　また、紛争勃発後は OSCE では毎週ウィーンにて開催される大使級会合である常設理事会（Permanent Council）での討議や、議長国議長（Chairperson-in-Office）であるポーランドが周旋を試みた[22]。

　しかしながら、これらの試みは実効性があるものではなかった。ロシアはポーランドがNATO加盟国の一員であり、NATO加盟国としてウクライナに武器などの支援をしていることを批判し、当該軍事行動に関して議長国ポーランドの中立性に疑問符を投げかけた[23]。このロシアの批判は、一つにはポーランドがOSCE議長国であると同時にNATO加盟国としてウクライナに武器支援などを実施しており、中立性の欠如が見られるというものであった。また、EU加盟国としてロシアに対して経済制裁を実施しており、こちらも中立性の観点から問題であるとみなしていた[24]。

　欧州における重層的国際機構の重複性が欧州の安定を確保していることに関しては、マイノリティ保護枠組構築による紛争予防枠組が政治的・法的枠組の重層的存在によって確保されていることは既に検討を行った。しかし今回の事例においては、その重層的枠組みが存在するがゆえに、OSCEによる周旋を行うことを一方当事者が拒否することとなった。

　その理由としては、前項にて検討した様に、OSCEに関して2001年以降、ロシアなどのCIS諸国が「ウィーンの東」問題として規範の押し付けに関して反発してきたことがある。また前章にて明らかにしたように、EU加盟が期待できる旧東欧諸国と異なりCIS諸国にはそのような期待が存在しておらず、従って重層的国際機構の存在する「ウィーンの西」諸国によって構築されてきた規範の受け入れがなされないのである。

（3）　欧州における国連の役割

　先にも論じたように、国連はしばしば地域的国際機構と連携し協働する活動を実施してきた。アフリカ連合とは共同でPKOを派遣し、またOSCEではボスニアにおいてEU、NATO、OSCEなどと協働し活動してきた。また、北マケドニアではOSCEに先駆けて国際連合予防展開軍（UNPREDEP：United Nations Preventive Deployment Force）が派遣されるなど、欧州領域において様々な活動を行ってきた。それらをまとめると以下の表5のようになる。

表5　国連と OSCE のミッションに関する一覧表 [29]

OSCE				国際連合		
地域・国名	使節団名 (OSCE) [25]	設立年	終了年	PKO 名 [26]	設立年	終了年
バルカン						
クロアチア	OSCE クロアチア使節団	1996 年	2007 年	国連文民警察サポート・グループ [27]	1996 年	1998 年
ボスニア・ヘルツェゴヴィナ	OSCE ボスニア・ヘルツェゴヴィナ使節団	1995 年	継続	国連ボスニア・ヘルツェゴヴィナ・ミッション	1996 年	2002 年
コソヴォ	OSCE コソヴォ使節団	1999 年	継続	国連コソヴォ暫定行政ミッション	1999 年	継続
マケドニア	OSCE スコピエ使節団 [28]	1992 年	継続	国連保護軍	1993 年	1995 年
				国連予防展開軍	1995 年	1999 年
東欧						
ウクライナ	OSCE ウクライナ使節団	1994 年	1999 年			
	OSCE ウクライナ・プロジェクト調整官事務所	1999 年	2022 年			
	OSCE ウクライナ特別監視使節団	2014 年	2022 年			
	グコヴァ及びドネックにおけるロシア・チェックポイント監視使節団	2014 年	2022 年			
カフカス						
ジョージア	OSCE グルジア使節団	1992 年	2009 年	国連グルジア監視団	1992 年	2009 年
中央アジア						
タジキスタン	OSCE ドゥシャンベ・センター	1993 年	2008 年	国連タジキスタン監視団	1994 年	2000 年
	OSCE タジキスタン事務所	2008 年	継続			

　本来であると憲章第 8 章の地域的国際機構として OSCE が旧ソ連地域において積極的に紛争予防、平和維持活動に従事することが好ましい。しかしながら前項にて明らかにしたように、OSCE が現在「ウィーンの東」問題に代表される規範の分裂状態にある以上、積極的な活動を行うことが困難であることは、1994 年以来ウクライナにて活動していた OSCE ウクライナ・プロジェクト調整官事務所（The OSCE Project co-ordinator in Ukraine）や 2014 年のクリミア紛争以来活動してきた OSCE ウクライナ特別監視使節団（The OSCE Special Monitoring Mission to Ukraine）が 2022 年にロシアの任期延長反対によって、相次いで閉鎖に追い込まれていることからも分かる。

　しかし一方で、国連もロシアの影響力の大きい中央アジアのタジキスタンやカフカス地域のジョージアで PKO を展開するなど、旧ソ連地域で一定程度の活動が行われており、OSCE が活動することが難しい地域において国連の役割を再考することが重要となってくる。

　歴史的に鑑みたときに、冷戦の最前線であるがアジア・アフリカ地域と異なり熱戦とはならなかった欧州地域における国連の関与は、限定的なものであった。CSCE 準備交渉では、もともとが東西両陣営の安全保障に関する対話体として始まった性格上、国連の関与する余地は大きなものではなかった [30]。会合への最終勧告（Final Recommendation of the Conference）において、国連憲章の原則と目的に CSCE プロセスが合致する必要性が繰り返し指摘されているが、儀礼的存在に過ぎなかった [31]。

　この点は冷戦終結後の 1992 年に開催された CSCE ヘルシンキ首脳会議以降、国連と CSCE の関係性は緊密なものとなって変化した [32]。この理由に関して国際機構論研究者のガエア（Felis Gaer）は三点から分析を行っている [33]。CSCE 側の事情としては、CSCE が対立の終了した欧州における新たな役割を模索していたことが言える。また、国連側の事情としては、冷戦後に多発する地域紛争に対してガリ（Boutrous-Boutrous Gali）事務総長が地域的国際機構の役割に注目していたことである [34]。また、中東欧地域や旧ソ

連地域において多数の紛争もしくはその火種が存在し、国際機構に解決が求められてことも挙げられる[35]。

　OSCE の諸活動が依拠する規範が「ウィーンの西」諸国が築き上げてきた規範であり、その規範が他方の当事者に受容されない場合には活動が困難になるのに対して、国連の諸活動の依拠する根拠が加盟国すべての合意する国連憲章である以上、当事者が受け入れを拒否することは論理的には容易ではない[36]。実際に、OSCE 側も国連とのウクライナ情勢に関する協働を試みる動きはあり、2022 年の OSCE 議長国議長であったポーランドのラウは紛争発生後の 3 月 16 日に[37]、事務総長シュミット（Helga Maria Schmid）は 9 月 23 日に国連事務総長グテーレス（António Guterres）と第 77 回国連総会で会談し、協力を求めている[38]。このように、OSCE 側もウクライナ紛争のような旧ソ連諸国での紛争に関しては国連と協働することで活動の正統性根拠とすることを考慮し始めていると言える。換言すると、お互いに異なる規範・活動根拠に基づく「協働」から、お互いの弱点を補完する形での「協働」が生じつつあると言える。

おわりに

　ECOWAS が主導して介入したリベリアやシエラレオネ内戦などのように、地域の問題を地域的国際機構が主導して解決を試みることは、紛争処理方法としては望ましい。しかしながら、複合的国際機構枠組が規範を構築してきた欧州において、その複合的枠組が逆回転を始めたときに、地域的国際機構の果たしうる役割は大きなものではないことは、今回のウクライナ紛争における OSCE の活動からも明らかである。

　確かに安全保障理事会常任理事国が関与する紛争に国連が関与することが容易ではないことは、過去のベトナム戦争、アフガニスタン紛争などの国際紛争、そしてハンガリー事件やプラハの春事件を見ても明らかである。しかしながら本文にて分析してきたように、紛争終了後に地域的国際機構と協働

して国連の果たしうる役割と言うものは存在している。皮肉なことに冷戦期の欧州では「儀礼的存在」であった国連が、「冷戦終結後（ポスト冷戦）」が終結した、「ポスト・ポスト冷戦期」に求められる役割が大きくなってきているということが可能であろう。

注

1　第8章の他にも憲章第24、33、43、48、51条にも同様の地域的国際機構と関連すると考えることが可能である条文が挿入されている。Andrea Giola, "The UN and Regional Organizations in the maintenance of Peace and Security", in Michael Bothe, Natalino Ronzitti, and Allan Rosas, eds., *The OSCE in the maintenance of peace and security : conflict prevention, crisis management and peaceful settlement of disputes*, (The Hague : Kluwer Law International, 1997), pp.192－193.

2　国連とOSCEの協働関係に関しては、玉井雅隆「国連と欧州安全保障協力機構の協働体制‐相互補完関係の成立に関する一考察－」『国連研究』第18号、2017年、151-181頁参照。

3　我が国の報道でも「国連安保理の限界が浮き彫り…侵略の正当性繰り返すロシア、常任理事国から外せず空転」『東京新聞』2022年3月20日付朝刊、「国連はもう限界なのか　世界秩序の3つの分かれ道と日本ができること」『朝日新聞』2022年5月13日付朝刊など、一般的には安全保障理事会常任理事国が関与する紛争への国連の役割の限界を指摘する報道がなされている。

4　ただし、1966年にフランスがNATOの軍事機構を脱退している。また、東側諸国でもアルバニアがワルシャワ条約機構から離脱し、ルーマニアが独自外交を実施するなど、必ずしも統一されたものではない。なお、フランスとNATOの関係に関する近年の研究としては山本健太郎「フランスのNATO統合軍事機構復帰を巡る一考察」『国際安全保障』第40巻第4号、2013年、86-103頁。

5　そもそもNATOもワルシャワ条約機構も国連憲章第52条に規定するような「国際の平和及び安全の維持に関する事項で地域的の行動に適当なものを処理するための地域的取極又は地域的機関」ではなく、東側陣営と西側陣営の各陣営に分断されていた。

6　外務省ホームページ「欧州の主要枠組」より玉井作成。(https://www.mofa.

go.jp/mofaj/area/osce/s_kikou.html、2023 年 1 月 30 日閲覧）。

7　10 原則の中でも第 6 原則の宗教に関する規定はバチカンが関心を寄せ、第 8
原則の自決権に関しては西ドイツが関心を寄せるなど、各国の関心が反映された
ものであったと言える。玉井雅隆『CSCE 少数民族高等弁務官と平和創造』国際
書院、2014 年、97-104 頁。

8　吉川元『ヨーロッパ安全保障協力会議（CSCE）』三峰書房、1994 年、188-190
頁。

9　元々冷戦期には欧州審議会は「西側の」組織であると東側諸国では認識され
ていた。が、ソ連のゴルバチョフ政権登場以来、ハンガリーなどの一部東側諸
国は欧州審議会への接近を図るようになり、1985 年には若者の交流や文化交流
を欧州審議会が促進する旨の閣僚委員会決議（決議 85（6））が出された。また
1987 年 11 月 26 日には、「東ヨーロッパ諸国と欧州審議会の関係に関するガイ
ドライン（Guidelines on the relations of the Council of Europe with countries
of Eastern Europe)」が出されている。なお、これらのことなどを、欧州審議
会研究者のフーバー（Denis Huber）は、ブラント（Willy Brandt）政権時の
西ドイツの東方外交指して「欧州審議会の東方外交（Ostpolitik）」としている。
Denis Huber, *Decade Which Made History: The Council of Europe 1989-1999*
(Strasbourg: Council of Europe publishing, 2005), pp.8-9.

10　Patric Thornberry and Maria Amor Estebanez, *The Council of Europe and
Minorities*, (Strasbourg: Council of Europe publishing,1994), p.5 及び吉川元『国
際安全保障論』有斐閣、2007 年 , 63-64 頁。1994

11　玉井、前掲書、2014 年、153-207 頁。

12　玉井、同上、164 頁より改編。

13　玉井、同上、209-215 頁。提案はプラハ閣僚級理事会におけるオランダ外相
ブルック（Hans van den Broek）発言、第 1 回通常会合ステートメント、1992
年 1 月 30 日。ブルックは" The transformation of Europe and the Role of the
CSCE" の中で、最後マイノリティ高等弁務官に関する議論を行うよう参加各国
に対し要請、ヘルシンキ首脳会議準備会合において議論がなされることで合意
した。なお、ギリシア代表団の一員であったヘラクリデス（Alexis Heraclides)
によるとこの時点でのオランダ提案における職名は" High Commissioner for
National Minorities" であるとされているが、準備会合におけるオランダの提案
名は" CSCE High Commissioner for Minorities" である。

14　コペンハーゲン基準には、EU 法や経済制度の受け入れ能力、民主主義・人権の尊重、法の支配が満たされていること、及びマイノリティの保護の 3 条件からなる。

15　Stephan Troebst, "From paper to practice :The council of Europe's Framework Convention for the protection of national minorities", *International Helsinki Monitor*, 10（1）, 1999, pp.19-26、及び Thornberry and Estebanez, op.cit., p.96.

16　（　）内は、選挙監視活動のうち EAMs 及び EET の回数である（OSCE ODIHR 年報より筆者作成）。表中の数字には、NAM は回数に含まない。選挙監視の回数には長期型及び短期型使節団、限定された選挙監視に関する選挙当日のみの監視活動、選挙評価使節団、選挙専門家チームを含む。なお、表中回数 0 であるアイルランド、スウェーデン、デンマーク、ルクセンブルク、アンドラ、サンマリノ、バチカン、リヒテンシュタインのうち、バチカン以外には NAM が行われている。

17　Resolution CM/Res（2022）2、第 1428 回閣僚級理事会決定。（2022 年 3 月 16 日）。

18　2022 年 8 月 19 日現在の状況。

19　選挙監視基準に関して、「ウィーンの東」諸国は OSCE 基準とは別に、「CIS 諸国における民主的選挙、選挙の権利及び自由に関する規約（Convention on the Standards of Democratic Elections, Electoral Rights, and Freedoms in the Member States of the Commonwealth of Independent States）」（2002 年）や「CIS 諸国における選挙や住民投票における国際選挙監視の原則に関する宣言（Declaration on Principles of the International Observation of Elections and Referendums）」（2008 年）などを策定している。特に後者は OSCE 選挙監視に関し厳しい批判を加えており、選挙監視活動は当該国の主権を尊重すべきであるとしている。

20　吉川元「分断される OSCE 安全保障共同体—安全保障戦略をめぐる対立と相克の軌跡」『国連研究』第 12 号、2011 年、95-122 頁。

21　「ウィーンの東」諸国は OSCE 選挙監視団の他、CIS 選挙監視団（Миссия наблюдателей от СНГ на выборах, The CIS Election Monitoring Organization）を派遣することが多い。選挙によっては OSCE 選挙監視団よりも大規模であることが多く、またその最終報告書は「自由かつ公正な選挙であった」という結論であることが多く、当該国を批判することの多い OSCE 選挙監視報告書とは異

なる。詳細は拙著『OSCE の多角的研究 -「ウィーンの西」と「ウィーンの東」の相克』志学社、2021 年を参照。

22　戦争開始直後の 2022 年 2 月 24 日には、ポーランドは議長国として臨時常設理事会開催をしている。(1358th（reinforced）Meeting of the PERMANENT COUNCIL、24 February 2022)。また、直前の 2 月 15 日には OSCE 議長国としてポーランド外相ラウ（Zbigniew Rau）がモスクワを訪問、プーチン大統領と会談をしている。https://www.gov.pl/web/osce/minister-zbigniew-rau-osce-chairman-in-office-in-moscow（2022 年 12 月 25 日閲覧）

23　2022 年 2 月 21 日開催の第 1356 回常設理事会におけるロシア大使発言。「OSCE はウクライナで「早期警戒」を宣言したが、それ以前にウクライナ軍によって引き起こされた事態には何もしなかった」(PC.JOUR/1356、21 February 2022)。

また 2022 年 3 月 31 日に開催された、第 1365 回常設理事会におけるロシア大使発言は以下のとおりである。「議長国ポーランドは（中略）常設理事会の議論では、全ての参加国に公平で非差別的な参加の機会を厳密に付与すべきだ」(PC.JOUR/1365、31 March 2022)。

24　プーチン政権の OSCE との関係性の分析としては、P. Terrence Hopmann, "Trump, Putin and the OSCE" in Institute for Peace Research and Security Policy at the University of Hamburg / ISFH ed., *OSCE Yearbook 2018*（Baden-Baden : Nomos Verlagsgesellschaft, 2019),pp.39-52.

25　OSCE の長期滞在型使節団の名称は使節団（Mission）、事務所（Office）など様々であるが、これは対象国の要請によるものである。

26　国際連合 PKO 名は日本国外務省の訳に依拠した。

27　1998 年 10 月 16 日をもって権限を OSCE クロアチア使節団に委譲、撤退。

28　もともとは The OSCE Spillover Monitor Mission to Skopje であったのが、2010 年 12 月 16 日の常設理事会（Permanent Council）決定において名称が変更されたものである。Permanent Council Decision No. 977（2010 年 12 月 1 日）。

29　Victor-Yves Ghebali, *L`OSCE dans l`Europe post-communiste,1990-1996 : une identité paneuropéenne de sécurité*, (Bruxelles : É. Bruylant,1996), p.76、及び OSCE Conflict Prevention Centre, *Survey of OSCE Field Operations*（SEC.GAL/27/16, 2016）ならびに国際連合 PKO 局ホームページ（2016 年 11 月 10 日アクセス）より筆者作成。なお、ここに掲載していない OSCE 参加国に展開し

ていた国連 PKO としては、国連クロアチア信頼回復運動 1994 年〜 1996 年)、国連東スラヴォニア・バラニャ及び西スレム暫定統治機構,1996 年〜 1998 年)、国連プレヴラカ監視団 (1996 年〜 2002 年)、国連キプロス平和維持軍 (1964 年〜継続) である。なお、この表は玉井「国連と欧州安全保障協力機構の協働体制」191-193 頁に掲載の表を、その後の情勢変化を元に加筆・修正したものである。

30 1975 年のヘルシンキ首脳会議では国連も事務総長が演説をしているが、それまでの CSCE プロセス自体に国連が関与した形跡はなく、儀礼的なものであった。CSCE が東西間の対話体であることを示しているのは、1984 年に開催されたアテネ紛争の平和的解決に関する専門家会議 (CSCE Athens Expert Meeting on Peaceful Settlement of Dispute、PSD) における「紛争の平和的解決の為の仲裁委員会」設置提案を挙げることができる。これは、専門家リストから東側二名、西側二名及び N ＋ N 諸国 1 名の専門家を選出し、委員会を結成、仲裁に当たるというものである。ただし、アテネ PSD では最終合意に至らなかったため、この案は実現しなかった。このように、常に東西両陣営及び N ＋ N 諸国のバランスを考慮した上で提案などがなされていた。

31 Peter van Dijk "The Helsinki Final Act of Helsinki-Basis for a pan-European System?", *Netherlands Yearbook of International Law*, Vol.11, 1980, pp.97-105.

32 1993 年 12 月に開催された CSCE ローマ閣僚級理事会 (CSCE Rome Ministerial Council) でも繰り返し国連との関係性に関して言及されている。Emanuel Decaux "La CSCE au lendemain du Conseil de Rome: un bilan de la transition institutionnelle", *European Journal of International Law*, Vol. 5, 1994, pp.269-270.

33 Felice D.Gaer "The United Nations and the CSCE : Cooperation, Competition, or Confusion?", in Michael R. Lucas,*The CSCE in the 1990s:Constructing European Security and Cooperation*, (Nomos Verlagsgesellschaft, Baden-Baden,1993),pp.161-162.

34 1992 年 1 月に開催された国連安全保障理事会首脳会議における検討事項である。*Ibid.*, p.161.

35 CSCE/HS/VR.1、Vladimir Petrowski (7 月 9 日)。国連が CSCE に期待する点は国連事務次長ペトロフスキー (Vladimir Petrowski) が首脳会議演説で指摘するように、ボスニア・ヘルツェゴヴィナ情勢への対処であった

36 国連総会は OSCE の活動に期待を寄せていたが、最近ではそのような動きは見られなくなった。

37　2022 年 3 月 16 日 付、OSCE プ レ ス リ リ ー ス。https://www.osce.org/
chairmanship/514018（2023 年 1 月 25 日閲覧）。

38　2022 年 9 月 23 日 付、OSCE プ レ ス リ リ ー ス。https://www.osce.org/
secretary-general/526852（2023 年 1 月 25 日閲覧）。

3 The Origins of the Partnership on Peace Operations in Africa:

The 'Goulding Report' (1997) and Somalia

Mika Inoue-Hanzawa

Introduction

This article explores the origins of the partnership between the United Nations (UN) and regional organisations on peace operations in Africa. It examines the process and causes of the transformation of UN peacekeeping operations (PKOs) in the 1990s, based on the 'Practical Measures to Enhance the United Nations' Effectiveness in the Field of Peace and Security: A Report Submitted to the Secretary-General of the United Nations' (hereinafter referred to as the 'Goulding Report') [1].

On 30 June 1997, the UN Under-Secretary-General, Sir Marrack Goulding, presented the Goulding Report to UN Secretary-General Kofi A. Annan. It was a closed-door report in which Goulding analysed PKOs based on his knowledge and experience as a British diplomat and senior UN official. In particular, Goulding discussed the pros and cons of the use of force, humanitarian crises, and the relationship between the UN and regional organisations. The contents of the report suggested the direction of PKOs post-2000s [2]. An analysis of the Goulding Report can, thus, help us examine PKOs as a history in the relationship among international organisations and Africa.

1　The Fourth UN or the quasi-First UN ?

Focusing on the 'partnership' between the UN and regional organisations[3], we are confronted with the question of whether regional organisations are really a part of the UN or are external actors. This, in turn, raises the further question of what the UN is and what it means under the UN Charter regime.

Previous studies on the 'two UNs' and 'three UNs' have demonstrated that the UN is polysemic and multi-layered; however, few studies have discussed what regional organisations were to the UN. Inis Claude, Jr., an international political scientist and a founder of the study of international organisations, developed the 'two UNs' theory[4]; that is, when we refer to the 'United Nations', we refer to the two 'faces' of the organisation, one of which is the member states and the other is the Secretariat, headed by the Secretary-General. Claude's analysis claims that different aspects become prominent in diverse situations, and the UN's functions can be seen to differ depending on which one we focus on, although they are closely related.

While Claude's argument was pioneering, a study published in 2009 reflected the rise of non-government organisations and epistemic communities, especially after the end of the Cold War. The 'three United Nations' theory was propounded by Thomas G. Weiss et al.[5]. Weiss is known for developing the concept of the Responsibility to Protect (R2P) and its reflection in policy, and his interviews with UN officials as an oral history. From the late 1990s to the 2010s, the UN policies on security, human rights, and humanitarian fields evolved in parallel with the emergence and development of new concepts, such as human security and

R2P. Such analysis has an affinity with constructivism in international politics. Martha Finnemore, a prominent constructivism scholar, and Michael Barnett, known for their work on US policy towards the UN in the case of Rwanda, among others, have analysed the international organisations that were bureaucratically involved in generating these concepts[6].

However, these previous studies have not discussed the status of regional organisations. In particular, in light of Chapter VIII of the Charter, which defines the authority relations between the UN Security Council and regional arrangements in the pursuit of security, this study reveals the possibility of positioning regional organisations not only as a part of or complementary to the 'First United Nations' composed of member states, but also as a 'Fourth United Nations', which has not been proposed so far. The 'partnership' between the UN and the African Union (AU) is an important clue in this context. This 'partnership' has resulted in an unintended embodiment of Chapter VIII of the Charter[7], which suggests the possibility that a regional organisation could become the 'Fourth UN'. In light of the fact that African countries are members of both the UN and the Organisation of African Unity (OAU)/AU, the embodiment of Chapter VIII of the Charter and the 'Fourth UN' theory in peace operations is an area that truly demonstrates the multi-layered nature of inter-institutional and authority relations[8].

2 Current Characteristics of PKOs and Their Origins

The distinctive features of current PKOs, such as the Protection of Civilians (PoC) and the partnership with regional organisations, were mainly formed in Africa. As shown in Figure 1, the relationship between the UN and regional organisations in Africa's security is intricate. In this context, the emphasis of PKOs is on the 'primacy of politics and stronger partnership' [9]. Where can we find the origins of these characteristics?

Based on the experience of the early 1990s, PoC has been positioned as a necessary, albeit difficult, mandate of PKOs, both within and outside the UN. A pattern has been established in Africa where the UN Security Council gives authority to Member States through resolutions, and regional organisations bear the human, material, and financial costs. The recognition that conflicts in which civilians are threatened by direct violence can only be resolved through political solutions has also been shaped through the experience of various cases since the 1990s.

Therefore, this study examines the Goulding Report to find the process by which the UN member states (mainly the P3: the United States, France, and the United Kingdom) and the UN secretariat (mainly the Department of Peacekeeping Operations and the Department of Political Affairs) evolved the aforementioned pattern and recognition. Prior studies have made little progress in analysing PKOs using primary sources, such as diplomatic documents, because the quantitative expansion and qualitative transformation of PKOs mainly occurred from the 1990s onwards. This study supplements this knowledge with interviews conducted with Goulding in the early 2000s　and relevant primary sources.

This study also focuses on international involvement in Somalia, a case frequently mentioned in the Goulding Report. Somalia was one of the most controversial cases related to PKOs in the 1990s in terms of the relationship between humanitarian crises and the use of force in PKOs, the peace enforcement concept, and the relationship between the UN secretariat and member states. Furthermore, Somalia has been the most controversial case apropos of the relationship between the AU and the UN. Since February 2007, the AU has deployed the AU Mission in Somalia (AMISOM), while the United Nations and European Union (EU) have provided logistical, financial, and technical support[10].

A regional division of labour has also been developed in Africa. The Intergovernmental Development Agency (IGAD) is a sub-regional organisation in East Africa that mainly supports the peace process, whereas the AU deploys UNSC-authorised missions on the ground with enforcement measures.

Somalia has experienced recurrent humanitarian crises due to droughts. While the UN and other actors continued to provide humanitarian assistance, the UN's involvement in the process of rebuilding the fragile state after the civil war was limited. The 'failure' of the two PKOs (UN Operation in Somalia: UNOSOM I and II) and the multinational force (United Task Force: UNITAF) led by the US and deployed in 1992 were major factors.

However, the rise of terrorism from the late 1990s onward triggered a resurgence of international interest in Somalia as it provided a central base for 'Al Shabaab'. Anti-piracy operations in the Gulf of Aden also increased international concerns about Somalia. Examining the UN and AU involvement in Somalia through PKOs in the 1990s is an attempt to analyse this country as the focal point of international security from a historical perspective.

This study first traces Goulding's career at the UN before examining the contents of the Goulding Report. In particular, the study focuses on the relationship between the UN and regional organisations in PKOs regarding PoC in Africa because the report examines the pros and cons of the use of force in PKOs in humanitarian crises and the 'lessons learned'

Figure 1

Map 1: UN, AU, and REC/RM peace operations, liaison offices, and peace and development advisers

Source: AU Commission, African Union Handbook 2019, pp. 82–86; DPPA, '2018 Map of UN-AU Partnership in Peace and Security,' July 19, 2018, available at https://dppa.un.org/sites/default/files/180717_un-au_partnership_2018_map_final.pdf ; DPPA, 'Peace and Development Advisors: Joint UNDP-DPPA Programme on Building National Capacities for Conflict Prevention,' available at https://dppa.un.org/en/peace-and-development-advisors-joint-undp-dppa-programme-building-national-capacities-conflict. This map was first published in D Forti and P Singh, 'Toward a More Effective UN-AU Partnership on Conflict Prevention and Crisis Management, International Peace Institute and Institute for Security Studies, October 2019. www.ipinst.org/wp-content/uploads/2019/10/1910_UN-AU_Partnership-1.pdf

Note: The AU Liaison Office in Liberia was officially closed in 2020, and is incorrectly shaded on this map.

Source: Priyal Singh and Daniel Forti, "Beyond 2020: Exploring the potential for a stronger UN- AU peacebuilding partnership," *AFRICA REPORT*, 28 (2020), accessed 24 January 2023, https://www.ipinst.org/wp-content/uploads/2020/09/AR-28-UN- AU-peacekeeping.pdf.

from the case of Somalia[11]. Finally, the relationship between the UN and regional organisations in the 1990s is explained in the last section with a case study of Somalia.

3 'The Dawn Has Broken Again'?
— Transformation of PKOs and Grounding

In a 2006 article, Goulding said that PKOs were 'dawning again': after the first dawn—the post-Cold War UN and the PKOs were 'marred' by Somalia, Bosnia, and Rwanda—they were on the rise again. Goulding cited the 'revision of the doctrine of the use of force by PKOs' as one of the features; referring to the concept of R2P, Goulding implied the need to discuss whether the UN redefined the use of force in PKOs through constraints on the executive sovereignty of member states in conflict[12]. Why did these changes occur in PKOs? What impact do they have on current PKOs and, by extension, on Africa's involvement in security? Explaining these points is the motive behind examining the Goulding Report.

Marrack Goulding (1936-2010) was born in Plymouth, England, to a lawyer father. After graduating with a degree in humanities from Magdalen College, University of Oxford, he joined the British Foreign Office in 1959. He sent to the Middle East and North Africa, beginning with Kuwait, immediately after its independence. From 1979 to 1983, he was the representatire at the United Kingdom's Permanent Mission to the United Nations; later, he was British Ambassador to Angola and Sao Tome and Principe until 1985. He was known for his advocacy of the 'unadventurous' style of work that was typical of diplomats, while his frankness and openness were evident in his conversations.

Goulding's prudent yet English sense of humour and frankness is evident in his books and essays. He enjoyed birdwatching which can be described as very English. He also had an affinity for Africa. After retiring from the United Nations, he was the President of St. Antony's College, Oxford University, and lived in the President's lodgings, although his personal home was south of the Thames in London, where many African immigrants lived. In our interview, he said this was his preferred lifestyle[13]. Having spent much time in the Middle East and Africa during his years as a diplomat and UN official, Goulding was familiar with these regions; in peacekeeping and peace operations, he never overstepped his bounds or harboured undue illusions.

Goulding's career as a United Nations staff member began in January 1986. Until 1993, he served as the Under-Secretary-General in the Office of Special Political Affairs of the 5th UN Secretary-General Javier Felipe Ricardo Pérez de Cuéllar de la Guerra. As of 2023, the Department of Peace Operations (DPO) and the Department of Political and peacebuilding Affairs (DPPA) are large organisations that employ hundreds of people[14]. However, at the time of Goulding's arrival, PKOs and peace negotiations and mediation (known as peacemaking in UN peace operations since the 1990s) were the responsibility of the Office of Special Political Affairs under the direct supervision of the Secretary-General, which comprised a small staff (see Figure 2).

Although there was a division of labour, with the appointment of an Under-Secretary-General in charge of PKOs and an Under-Secretary-General in charge of political affairs, Goulding himself was concerned that he might one day 'make a fatal mistake', especially as PKOs underwent dramatic changes in the late 1980s and early 1990s[15].

Owing to the dramatic sea change in international relations, the UN also faced unprecedented changes. It started becoming involved in civil wars: When Goulding arrived in 1986, there were five PKO missions (all related to the Middle East); however, there were 14 missions by 1992 (in addition to the five short missions that had been completed).

The characteristics of PKOs had also changed significantly. In 1986, they were 'traditional PKOs' designed for inter-state conflicts, with missions such as monitoring ceasefires, under conditions that generally complied with the three PKO principles: consent of all parties to deploy PKOs, neutrality in operations, and the non-use of force beyond self-defence. However, towards the end of the Cold War, a series of multi-functional operations (e.g. Namibia, Mozambique, Cambodia) emerged in Asia and Africa, which were also responsible for electoral assistance and nation (re) building.

In the midst of the humanitarian crises, the UN Security Council also established 'robust' missions for the protection of humanitarian assistance activities and the disarmament of conflicting parties (Bosnia, Somalia). Particularly in Somalia, it was difficult to obtain the consent of 'all' conflicting parties, and operations were more likely to be impartial than neutral. The biggest concern was the use of force; in this regard, the protection of humanitarian assistance activities, monitoring of 'safe zones', and disarmament of parties were added to the missions of PKOs.

To cope with these drastic changes, the 6th UN Secretary-General, Boutros Boutros-Ghali, reorganised the Office of Special Political Affairs into the Department of Peacekeeping Operations (DPKO) and the Department of Political Affairs (DPA). He appointed Goulding as the Under-Secretary-General in charge of the DPKO. Just prior to de Cuéllar's departure, filling the vacancies of senior officials involved in PKOs was being considered. On Goulding's recommendation, Kofi A. Annan was

Figure 2

Era of the UN Secretary General Javier Pérez de Cuéllar (1982-1991)

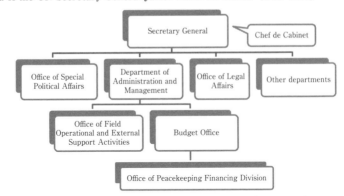

Era of the UN Secretary General Boutros Boutros-Ghali (1992-1996)

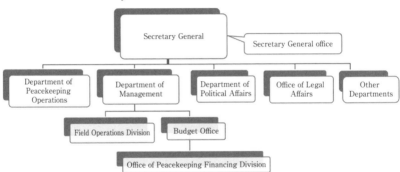

Source: マラック・グールディング、幡新大実訳『国連の平和外交』東信堂、2005 年（Marrack Goulding, *Peacemonger*, New York and London: John Hopkins University Press, 2002)、xii頁, Appendix 1. This diagram was originally made by Omi Hatashin in Japanese, and translated and redesigned by Mika Inoue-Hanzawa.

appointed by Secretary-General Boutros-Ghali as Assistant Secretary-General for the DPKO. Annan was in charge of Asia and Africa, while Goulding oversaw Europe, Latin America, and the Middle East[16].

Goulding was appointed as a head of the DPA (Under-Secretary-General) in 1993, a post he held until his retirement from the United Nations in 1997.

He was succeeded by Kofi Annan as the head of the DPKO. It was a historic change for the department because this post had been traditionally held by Britons. The first was Sir Brian Urquhart, the 'Father of PKOs', who had served since the start of PKOs in 1948 (although it can also be said that the British influence continued as Annan was a native of Ghana).

Prior to the appointment of Goulding, then British prime minister Margaret Thatcher repeatedly inquired de Cuéllar if it is possible to appoint a Briton as the successor of Urquhart. De Cuéllar told her that he would do so[17]. It seems that the British government was planning to retain this position. Annan succeeded Boutros-Ghali as the 8th UN Secretary-General, and French diplomat Jean-Marie Guéhenno succeeded Annan[18].

The head of the DPA has almost always been held by a Briton or American. These shows that senior positions related to the peacekeeping and peacemaking have been filled by P3 since the end of the Cold War[19].

4 The Goulding Report (1997)

(1) Why did the Goulding Report Mention Regional Organisations?

Goulding's retirement from the United Nations was postponed by six months to allow him to write a report that would be submitted to Annan. From January to June 1997, he visited and interviewed PKO missions around the world. Based on his own knowledge, experience, and perspective, the Goulding Report, comprising twelve chapters, was finally submitted to Annan.

The purpose behind Annan's request for the report was 'to draw lessons from the PKOs of the 1990s and to use them to propose concrete steps to enhance the effectiveness of the United Nations in the field of peace and security' (para. 12). Annan consulted with Goulding and asked him to write the report as soon as he took office as Secretary-General in January 1997. Annan had experienced the genocide in Rwanda and Srebrenica as the Head of the DPKO; therefore, the first thing he did as Secretary-General was to investigate and summarise both cases.

In a letter dated 19 February 1997, Annan requested Goulding to write a report on PKOs and political affairs with a particular focus on the following:

a)　*How to improve the Organization's capacity for preventive action through both   political and military measures.*

b)　*How to raise resources from governments to bolster such actions, e.g. incentives to induce the parties concerned to eschew armed conflict in favour of negotiated settlements.*

c)　*How to engage interested governments in the preparation of peace-keeping operations, in order to ensure prompt and effective responses to situations where conflict cannot be averted.*

d)　*What criteria should be established to determine in which situations the Secretary-General should recommend the deployment of a peace-keeping force and in which situations he should recommend a multi-national force under a coalition arrangement.*

e)　*How the United Nations should support or cooperate with regional organisations which are attempting to control or resolve situations of potential or acting conflict*[20].

This article focuses on question e) as one of the important origins of the 'partnership' between the UN and regional organisations in terms of peace operations that has not been fully examined in previous studies[21].

（2） Who is the Boss? — Relationship between the UN and Regional Organisations

Goulding's analysis of the UN's relationship with regional organisations in peace and security is explained in Chapter 10 and deals with external actors. He points out the importance of such actors at the beginning of the chapter: 'The UN has never wanted to monopolise peace and security efforts. At the same time, however, there is a struggle for leadership between the UN and external actors in peace operations' (para. 10.1). Simultaneously, he indicated that member states usually did not hesitate to get involved in matters involving their vital national interests (para. 10.2). Goulding emphasised the primacy of the UN Security Council regarding the involvement of regional organisations in relation to Chapter Ⅷ of the UN Charter (para. 10.4). According to him, both Boutros-Ghali and the heads of regional organisations reaffirmed this primacy in the second meeting held in February 1996 (para. 10. 5).

However, the applicability of the UN's 'primacy' in relation to Chapter VII of the UN Charter remained unsolved. Referring to the cases of Bosnia, Rwanda, and Somalia, Goulding highlighted that there was growing recognition within the UN that regional organisations should play a leading role. From Goulding's perspective, the question was how (and to what extent) regional organisations should be involved. He pointed out the advantages (familiarity with regional affairs and less local opposition than the UN) and disadvantages (the involvement of regional powers and the operational and resource viability of PKOs) of regional organisations (para. 10.6-7). In this context, Goulding emphasised the question of whether it would be appropriate for regional organisations to assume the role that the United Nations should play. Contrastingly, reconciling this with the reality that cooperation with regional organisations was becoming the default course was an issue.

Finally, Goulding recommended that the Secretary-General should 'cooperate' with but not 'hand over' political activities to regional organisations. Goulding suggested that regional organisations should be the 'leading partners' of the UN and that practical cooperation, such as working-level exchanges between the organisations and the joint appointment of special representatives of the Secretary-General, should be sought (para. 10.9).

(3) Regional Organisations and PKOs in the Field

For Annan, one of the most important issues was the cooperation on PKOs between the UN and regional organisations at the field level. In fact, Goulding wrote that he was asked to analyse what should be done in situations where, inter alia, 'regional organisations deploy large PKOs in the field, while from the UN there is only a political presence or a small military observer mission' (para. 10.10).

Thus, Goulding visited two 'PKO sites in such situations' (not specifically named) to write his report. In both cases, the report found that the regional powers were largely (and in one of the two, fully) in charge of PKOs, especially in terms of providing personnel. According to the Goulding Report, in both cases, relations between the UN and regional organisations were previously problematic but had improved. In one case, personal relationship in the field had caused the deterioration of relations; in the other case, Goulding attributed the problems experienced to the regional organisations, which were continually asking the UN to persuade the member states to supply logistics to regional units. In both cases, according to Goulding, the UN felt 'pushed to the side', and the regional organisations were jealous that UN personnel were spying on them and using overly luxurious facilities and equipment (para.10.11). Goulding proposed that to prevent such a situation, the UN and regional organisations should enter into an agreement in advance, with necessary political intervention in case of a breach (para. 10.12).

In the first chapter of his report, Goulding analysed the emergence of regional organisations as the second major actor in PKOs, as the environment surrounding these PKOs changed radically due to major changes in the international situation (para. 1.2)[22]. Chapter 5, titled 'Diplomatic Action', noted that the role of regional organisations in PKOs and preventive actions had become indispensable (para.5.9-11). Furthermore, Chapter 6, 'Military Action', recommended that the UN should actively cooperate with regional organisations that were already involved in conflicts to avoid duplication in PKO deployment (para. 6.14). Therefore, Goulding believed that cooperation between the UN and regional organisations was inevitable and should be encouraged. However, he simultaneously believed that the UN should take the lead as it was essential for both the legitimacy and effectiveness of PKOs.

5 Who Addresses the Humanitarian Crisis in Conflicts? —The Case of Somalia

Why did Annan ask Goulding to focus on regional organisations in his examination of PKOs in the 1990s? What were Goulding's responses? It is noteworthy that Goulding focused on 'the problems of deploying PKOs under complex humanitarian crises' in his report.

Goulding recommended that the UN should take an 'integrated approach' to conflict response. The report recommended that the DPKO and human rights and humanitarian departments should be collectively referred to as 'Complex Emergency Departments' and that they should cooperate among themselves in information sharing, analysis, and policy-making (Chapter 1, 'Introduction', Chapter 6, 'Military Operations; and Chapter 7, 'Humanitarian Operations').

In addition, Goulding advocated that activities that involve the use of force beyond self-defence, such as the protection of humanitarian assistance activities, should be carried out by multinational forces rather than PKOs (Chapter 6). Along with Bosnia and Rwanda, Somalia is also frequently mentioned in this context. In Somalia, a serious humanitarian crisis was originally caused by a combination of drought and a failed state. Conflict parties looted and obstructed the distribution of humanitarian aid supplies, further aggravating the situation. When the UN security council adopted resolution 751, which established UNOSOM Ⅰ, in April 1992, the UN Secretariat and member states had almost no choice but to use 'traditional' PKO concepts: They had limited assets to confront a situation in which conflict and complex humanitarian crises were intertwined. Moreover, countries outside Africa were reluctant to involve in Somalia, although they recognized the importance of doing so. Contrastingly, in the case of Bosnia, major powers, especially European countries, positioned it as their 'backyard' and continued their active involvement.

In examining the relationship between humanitarian crises and conflicts in Africa, Somalia can be considered the starting point. Somalia brought to light an important issue: how can the UN keep the member states involved in conflicts in Africa, ensuring its own legitimacy? Above all, the genocide in Rwanda occurred just after the chaotic situation in Somalia and the withdrawal of UNOSOM Ⅱ [23].

In his report on the relationship between the UN and regional organisations, Goulding envisaged the involvement of the Economic

Community of West African States (ECOWAS) in West African conflicts. In this case, a (sub) regional organisation (with regional powers, for example, Nigeria) would have the experience and resources to be actively involved. By contrast, the OAU was involved mainly in peace negotiations (not operations) in Somalia in the 1990s. Why did ECOWAS deploy the ECOWAS Monitoring Group (ECOMOG) to conflicts in West Africa, while East Africa saw no direct involvement by regional organisations? This contentious point has led to global and regional 'partnerships' for conflicts in Africa since the 2000s: It can be said that the Goulding Report has shown the way, albeit in a limited manner.

Considering the OAU's efforts during and after the 1990s, what were the regional commitments to peace and security in Africa? Since its establishment in 1963, the OAU has generally avoided active conflict involvement in Africa owing to its principle of non-interference in internal affairs[24]. However, in fact, at the 1990 Summit, heads of OAU member states had already shared the need to reform their organisation apropos of the changing international situation[25]. The OAU announced the establishment of a Mechanism for Conflict Prevention, Management, and Resolution at its 28th Ordinary Session held in Dakar from 29 June to 1 July 1992[26]. Although the mechanism remained refined until the OAU's reorganisation into the AU in 2002, its efforts in the 1990s can be recognised as a foreshadowing of the AU's later policy of active involvement in conflicts in the region. With the principle of 'from non-interference to indifference', it led to the establishment of the Peace and Security Council (PSC), the African Peace and Security Architecture (APSA), and the African Standby Force (ASF)[27].

The UN welcomed the OAU's mechanism and sought cooperation with the organisation. It started with the case of Burundi in 2004. The UN

Formation of the OAU/AU mechanisms for conflicts (1963-2007)

Dates	Contents
May 1963	Heads of State and government sign the Charter of the OAU
June 1981 - June 1982	OAU Inter-African Force (IAF) deployment in Chad-Libya conflict
1990	ECOWAS organises monitoring mission to Liberia's civil war ※ Other cases were developed in 1997 and 1999, including Sierra Leone and Guinea-Bissau
January 1992	UN Security Council asks Secretary-General Boutros-Ghali to review the UN's role in peace and security
June 1992	UN Secretary-General Boutros-Ghali submits 'The Agenda for Peace'
June 1992	56th Session of the OAU Ministerial Council (report submitted)
June to July 1992	Decision on Conflict Resolution Mechanism at the 28th OAU Summit
1993	OAU Conflict Resolution Mechanism launches
July 1994	Yaounde Declaration of the 32nd Summit of the OAU mentions the Mechanism
January 1995	UN Secretary-General Boutros-Ghali submits 'Supplement to the Agenda for Peace'
November 1995	UN Secretary-General Boutros-Ghali publishes 'Improving Preparedness for Conflict Prevention and Peace-keeping in Africa'
April 1998	UN Secretary-General Annan presents 'The Causes of Conflict and the Promotion of Durable Peace and Sustainable Development in Africa'
September 2000	The UN Millennium Declaration mentions the 'special needs' of Africa. The importance of peacekeeping and peacebuilding in Africa is confirmed.
July 2002	The OAU is reorganised as the AU
July 2002	Protocol on the Establishment of the Peace and Security Council adopted by the AU ※ Includes the establishment of an 'African security architecture'
February 2004	Declaration on a Common Peace and Security Policy for Africa adopted by the AU

November 2004	UN Secretary-General Annan presents the 'Enhancement of African Peacekeeping Capacity', citing challenges to peacekeeping in Africa. These challeges include a lack of a common doctrine and standards for training personnel, a lack of support in terms of equipment and manpower (including ships and aircraft), a lack of financial resources, and a lack of capacity in the AU and sub-regional organisations to formulate and coordinate PKOs.
June 2004	The AU deploys its own mission to Burundi for the first time
November 2006	A Joint AU/UN action plan for UN assistance for AU peacekeeping capacity building. (1) The core organizations are the AU Peace Support team of the UN Department of Peacekeeping Operations and the AU's PSOD (Peace Support Operations Department, now called the Peace Support Operations Division of the AU) (2) Short-term focus (June to December 2006): AU human resource development and management, financial support for troops, establishment of a Situation Center, training of personnel, and evaluation and analysis of activities (best practices) (3) Medium-term focus (January 2007 to December 2008): Expansion and strengthening of personnel, demining, and standardization of civilian and military personnel training in relation to discussions on UN Enhanced Rapid Deployment and Capabilities, which are being promoted by the UN Special Committee on PKOs. (4) Long-term focus (2009 and beyond): Substantial deployment of the African Standby Force (ASF)
February 2007	UN Security Council authorise the AU Mission in Somalia (AMISOM)
June 2007	UN Security Council and the AU Peace and Security Council issue a joint statement, stating that they would continue to consider the possibility of financing PKOs implemented by the AU or under the authority of the AU and that the two councils had agreed to meet at least once a year.
July 2007	Establishment of UN-AU Joint Mission in Darfur (UNAMID)

Source: Author

Peace Operation mission (UN Operation in Burundi: ONUB) was the former AU mission named AMIB (AU Mission in Burundi). The case of Sudan then followed as a 're-hatting' model: After authorising the deployment of the AU mission in Sudan (AMIS), the UN Security Council established the UN Mission in Sudan (UNMIS) in 2005.

The deployment of the AU's own mission (AMISOM) to Somalia in 2007 shows that the 'partnership' between the UN and regional organisations has been sought consistently since the 1990s. After the 9/11 terrorist attacks in the United States on 11 September 2001, Africa faced two threats: global terrorism and attacks against civilians in conflict. The latter began in the late 1990s and diverted the attention and resources of developed countries to Africa. Building on the continuity of humanitarian crises since the 1990s, attacks against civilians in conflict have been positioned as a 'responsibility' for international communities. At the operational level, PoC has been included as a mandate for peace operations in Africa, even as conceptual debates over its merits and demerits continue to evolve.

The recognition of terrorism and humanitarian crises in conflict as a threat at the global level was a prime example of the 'partnership' between the UN and AU. Somalia is a case of both. Somalia became a concern that needed to be addressed at both the global and regional levels and re-emerged as a multi-layered threat to international security. Although a transitional federal government was formed in 2005, Somalia's extremely fragile political system was feared to be a breeding ground for terrorism.

The actors' response was the establishment of AMISOM, where the UN and EU would support the AU mission in terms of budget, logistics, and know-how. The operation's legitimacy was also ensured by the AU Peace and Security Council, which was then approved by the UN Security Council in a multi-layered procedure. Importantly, by the time the AMISOM deployment was realised, the groundwork for the 'partnership' from the recommendations of the Goulding Report to the establishment of the AU had been laid.

Conclusion

This study examined the transformation of PKOs after 1990s based on the Goulding Report. From the contents of Goulding's recommendations, it can be seen that the beginning of a 'partnership' between the UN and regional organisations in Africa was initially aimed at the protection of civilians in current PKOs (and their implementation was recognised within the UN in the 1990s). In addition, the AU, which has been building a 'partnership' with the UN in Africa, has been seeking to build a conflict resolution mechanism at the regional level since the days of its predecessor, the OAU. It can be said that the 'lessons learned' from the peacekeeping in Somalia were reflected in these trends.

This study also considered the position of regional organisations, which has not been adequately discussed in previous studies of international organisation theory[28]. Chapter VIII of the UN Charter defines the relationship of authority between the UN Security Council and regional arrangements in the pursuit of security. Considering this, it presents the possibility of positioning regional mechanisms, not only in situations where they act as an entity that is part of or complementary to the 'quasi-first UN'[29] composed of member states but also as a 'fourth UN' that has not been underscored thus far. The 'partnership' between the UN and AU has resulted in an unintended embodiment of Chapter VIII of the Charter, which suggests the possibility that a regional organisation could become the 'fourth UN'. Considering the fact that African countries are members of both the UN and the OAU/AU, the embodiment of Chapter VIII of the Charter in peace operations and the theory of a 'fourth UN' is one area where the multi-layered nature of inter-institutional relations and authority relations are truly evident.

It should be noted that this study focused on Goulding's analysis and recommendations in his report but did not examine the background of the report in-depth. In particular, the implications of Somalia for the pros and cons of the use of force in PKOs in complex humanitarian crises require further analysis. The relationship between PoC and stabilisation in African conflicts should also be analysed. Stabilisation has been paired with PoC in PKO mandates in Africa. Although this study did not directly address the interrelationship between the two, the recommendations of the Goulding Report will be examined in the future as implications for later activities.

As for the 'partnership' between the UN and regional organisations in Africa, its origins need more clarity. Even after the Goulding Report, the UN highlighted the importance of regional organisations in peace operations in Africa through various resolutions and documents. Furthermore, the African side has moved toward active involvement in intra-regional conflicts since the creation of the AU in 2002. In *The Curse of Berlin: Africa After the Cold War*, Adebayo points out that the history of post-independence Africa, including the transition from OAU to AU, entailed a process under which Africa struggled to move on the chessboard from being a pawn to a player[30]. PKOs in Africa since the 1990s has been that chessboard.

Focusing on the 'partnership' between the UN and regional organisations, we are confronted with the question of whether regional organisations are really a part of the UN or external actors. This, in turn, raises the question of who the UN is and what it means to be under the UN Charter regime. To clarify these dynamics, more detailed research is required to understand how and by whose initiative the OAU mechanism was established. Analysing PKOs in the context of the 1990s as 'history' is essential for clarifying the global and regional commitment to conflicts in Africa.

注

1　UN Document, Marrack Goulding, "Practical Measures to Enhance the UN's Effectiveness in the Field of Peace and Security: A Report Submitted to the Secretary-General of the United Nations," 30 June 1997 (the 'Goulding Report').

2　For example, the 'Brahimi Report' [UN Document, A/55/305-S/2000/809, August 21 (Report of the Panel on United Nations Peace Operations)] also refers to the Goulding Report.

3　See Hikaru Yamashita, *Evolving Patterns of Peacekeeping: International Cooperation at Work*, Lynne Rienner Publishers, 2017.

4　Inis L. Claude Jr., *Swords into Ploughshares: The Problems and Progress of International Organization* (third edition) (New York: Random House, 1994) (first edition: 1956); Inis L. Claude Jr., "Peace and Security: Prospective Roles for the Two United Nations," *Global Governance*, Vol. 2, Issue 3 (1996), pp. 289-298.

5　Thomas G. Weiss, Tatiana Carayannis and Richard Jolly, "The 'Third' United Nations," *Global Governance*, Vol. 15, No. 1 (2009), pp. 123-142.

6　Martha Finnemore and Michael Barnett, *Rules for the World: International Organizations in Global Politics* (Ithaca, N.Y.: Cornell University Press, 2004).

7　篠田英朗『パートナーシップ国際平和活動―変動する国際社会と紛争解決』勁草書房、2022 年、130 頁 (Hideaki Shinoda, *Partnership International Peace Operations: Changing International Community and Conflict Resolutions* (Tokyo: Keiso Shobo, 2021), p.130).

8 When examining the transformation of peace operations in Africa with a focus on Somalia, the conclusions that emerge should naturally differ depending on the actors and venues taken up. There are many options, including local communities, NGOs, and the domestic politics of the intervened countries, and a focus on international organisations will not answer all of the questions posed in this paper. What this paper asks is who decides what multilateral activities are involved in security, how they are conducted and by whom, and what is actually done. This paper's purpose is to reveal the multi-layered nature of the intervention side.

9 篠田英朗「国連ハイレベル委員会報告書と国連平和活動の現在：『政治の卓越性』と『パートナーシップ平和活動』の意味」『広島平和科学』37 巻（2016 年 3 月）、45-56 頁（Hideaki Shinoda, "The UN High-level Independent Panel Report and the Current State of UN Peace Operations: Implications of 'Primacy of Politics' and 'Partnership Peace Operations,'" *Hiroshima Peace Science*, 37 (2015), pp.45-56）.

10 The deployment of AMISOM was completed at the end of March 2022, and the new AU mission（AU Transition Mission in Somalia）started its mandate on 1 April 2022. Details regarding AMISOM, see Paul D. Williams, *Fighting for Peace in Somalia: A History and Analysis of the African Union Mission (AMISOM), 2007-2017*, Oxford University Press, 2018.

11 See 井上実佳「ソマリア紛争における国連の紛争対応の『教訓』」『軍事史学』第 42 巻 3・4 号（2007 年 3 月）、338-356 頁（Mika Inoue-Hanzawa, "'Lessons Learned' from the UN Peacekeeping Operations in Somalia," *Journal of Military History*, Vol. 43, No. 3/4. March 2007, pp. 338-356）.

12 マラック・グールディング、小舘尚文訳「第 10 章 国連平和維持活動の軌跡―PKO の光と影―」半澤朝彦・緒方貞子『グローバル・ガバナンスの歴史的変容―国連と国際政治史』ミネルヴァ書房、2007 年、286-289 頁（Marrack Goulding, translated by Naofumi Kodate, "Chapter 10: Trajectory of UN Peacekeeping Operations: Light and Shadow of PKO," in Ashiko Hanzawa and Sadako Ogata, *Historical Transformation of Global Governance: The United Nations and International Political History*（Kyoto: Minerva Publishing, 2007）, pp. 286-289）. Another feature of PKOs at the 'dawn of a new era', according to

Goulding, is their multifunctionality (i.e. the fact that PKOs have a wide range of tasks in state-building and state-reconstruction).

13 Author's interview with Marrack Goulding, Oxford, 5 July 2004.

14 In 2019, the 10th UN Secretary-General, António Manuel de Oliveira Guterres, implemented organisational reforms that transformed the relevant departments of peace operations into the Department of Peace Operations (DPO), the Department of Political and Peacebuilding Affairs (DPPA), and the Department of Operational Support (DOS).

15 Author's interview with Marrack Goulding, Oxford, 5 July 2004. The Goulding Report and permission to use it in this research was given to the author at this interview. The author met and interviewed Goulding three times (21 December 2003, 5 July 2004, and 9 December 2006.

16 Marrack Goulding, translated by Haruo Tohmatsu, Development of UN Peacekeeping Operations before and after the End of the Cold War: Personal Recollections, *Journal of Military History*, Vol. 43, No. 3/4 (2007), pp. 12-23 (マラック・グールディング、等松春夫訳「冷戦終結前後の国連平和維持活動の展開―私的回想」『軍事史学』、第43巻、第3.4合併号 (2007年3月)、12-23頁).

17 Brian Urquhart, *A Life in Peace and War*, W. W. Norton and Company, Inc., 1991 (ブライアン・アークハート著、中村恭一訳『炎と砂の中で』毎日新聞社、1991年).

18 As for January 2023, this post has been filled by French. About details of PKOs in the era of Guéhenno, see Jean-Marie Guéhenno, *The Fog of Peace: A Memoir of International Peacekeeping in the 21st Century*, Brookings Institution Press, 2015. Peacekeeping in the 21st Century, Brookings Institution Press, 2015 (ジャン・マリー・ゲーノ著、庭田よう子訳『避けられたかもしれない戦争―21世紀の戦争と平和』東洋経済新報社、2018年).

19 During the Cold War, the political officer in the Office of Special Assistance to the Secretary-General was always a Soviet national. It shows that the U.S., Britain, France, and the Soviet Union shared responsibility for the peace and security.

20 UN Document, Letter from the Secretary-General Dated 19 February 1997 (the 'Goulding Report,'ANNEX A).

21　For a) to d), see Inoue-Hanzawa, *op, cit.*

22　The other three actors are the UN Security Council, the UN Secretary-General, and donor countries.

23　Many previous studies have noted the continuity between Somalia and Rwanda. Among them, the following studies, which provides detailed analyses of developments within the UN Security Council and the Secretariat, are particularly significant; 川端清隆・持田繁『PKO 新時代－国連安保理からの証言』岩波書店、1997 年（Kiyotaka Kawabata and Shigeru Mochida, *PKO New Era: Testimony from the UN Security Council* (Tokyo: Iwanami Shoten, 1997)）; Herman T. Salton, *Dangerous Diplomacy: Bureaucracy, Power Politics, and the Role of the UN Secretariat in Rwanda* (Oxford: Oxford University Press, 2017).

24　See 井上実佳「「アフリカによるアフリカ問題の解決」再考－国際平和活動をめぐって－」『国際安全保障』第 50 巻 1 号（2022 年 6 月）、54-73 頁（Mika Inoue-Hanzawa, "Rethinking "African Solutions to Africa's Problems" in peace operations," *The Journal of International Security*, Vol.50, No.1, June, 2022, pp. 54-73）.

25　OAU Document, 'The Assembly of Heads of State and Government, in its Declaration on the Political and Socio-Economic Situation in Africa and the Fundamental Changes Taking Place in the World,' adopted in Addis Ababa, Ethiopia, in July 1990.

26　OAU Document, AHG/Decl. (1XXVIII), 'DECISION ON A MECHANISM FOR CONFLICT PREVENTION, MANAGEMENT AND RESOLUTION,' The Assembly of Heads of State and Government of the Organisation of African Unity, meeting of its 28th Ordinary Session in Dakar, Senegal, from 29 June to 1 July 1992.

27　See 井上実佳・今井ひなた「アフリカと保護する責任－「第三の柱」を中心に」小松志朗・中村長史・中内正貴・西海洋志編『地域から読み解く「保護する責任」─普遍的な理念の多様な実践に向むけて』聖学院大学出版会、2023 年、207-241 頁（Mika Inoue-Hanzawa and Hinata Imai, "Chapter 6: R2P in Africa: Focusing on the 'third pillar'," in *The Responsibility to Protect from Regional Perspectives: Diverse Implementation of Universal Principle*, eds. Hiroshi Nishikai, Masataka Nakauchi, Nagafumi Nakamura and Siro Komatsu (Ageo:

Seigakuin University Press, 2023), pp.207–241).

28 As an exception, Shinoda evaluated the ECOMOG's deployment to Liberia as a budding 'partnership' between the UN and regional organisations, positioning it as an embodiment of Chapter 8 of the UN Charter (Shinoda, *op. cit.*, p. 29).

29 The view that the regional organisations are 'quasi-First Nations' is based on Stephen Broune's idea (in discussion with the author at the fifth meeting of the Sasakawa Peace Foundation's 'The Future of International Peace Operations' project, 7 October 2022). I appreciate his insightful comments.

30 Adekeye Adebajo, *The Curse of Berlin: Africa After the Cold War* (London: Hurst & Company, 2010), p.5.

*Titles of Japanese books and articles are translated by the author.

Ⅲ

独 立 論 文

4 国際連合における拒否権の本質的制約：

ウクライナ情勢におけるロシアの拒否権行使をめぐって

瀬 岡 　 直

はじめに

　本稿の目的は、国際連合における拒否権の本質的制約に着目して、2022年に勃発したウクライナ情勢におけるロシアの拒否権行使を批判的に検討することにある。ここに拒否権の本質的制約とは、国連憲章において拒否権制度が本来有している制約条件、または、拒否権の行使に対してその誕生時から本来課せられている制約条件、を指す。では、そもそもこうした拒否権の制約条件とは、いかなる内容を有するものなのか。また、その制約条件は、とくに常任理事国たるロシア自身が武力を行使しているウクライナ情勢において、どこまでロシアの拒否権行使を制限する視点を提供しうるのか。

　本稿は、このような問題意識に基づき、まず第1章でウクライナ情勢におけるロシアの拒否権行使を概観した後、第2章で、ロシアが行使した拒否権を容認する国際法学および国際政治学の議論を検討する。そして、第3章では、国連憲章の起草過程にまで遡って、拒否権の本質的制約を正面から考察し、最後の第4章において、その本質的制約に照らしながら、ロシアの拒否権行使を批判的に検討したい。

1 安保理におけるロシアの拒否権行使

　これまで、ロシアは、2度にわたり、ウクライナ情勢に関して拒否権を行

使している。まず、2022 年 2 月 22 日、ロシアは、ウクライナ東部のドンバス地方における「ドネツク人民共和国」と「ルハンスク人民共和国」を国家として承認し、その 2 日後の 24 日から「特別軍事作戦」としてウクライナにおいて武力行使を開始した。これに対して、安保理は、翌 25 日に、ロシアの侵略行為の非難や、ロシア軍の即時停戦・撤退の要請などを明記した安保理決議案を審議した[1]。この決議案はおよそ 80 カ国の共同提案によるものであったが、採決の結果は、賛成 11、反対 1（ロシア）、棄権 3（中国、インド、UAE）となり、ロシアの拒否権によって否決された[2]。

　さらに、ロシアとウクライナの武力紛争が激化する中、2022 年 9 月 30 日、安保理において米国とアルバニアの共同提案による決議案が審議された[3]。この決議案は、ウクライナの主権、独立、領土保全を再確認したうえで、ロシアが組織したルハンスク、ドネツク、サボリージャ、ヘルソンの 4 州における住民投票が違法であると非難したうえで、国連加盟国に対してロシアによるこれら 4 州の併合措置を承認するような行為を一切慎むよう要求するものであった。採決の結果は、賛成 10、反対 1（ロシア）、棄権 4（中国、ブラジル、インド、ガボン）となり、ロシアの拒否権によって否決された[4]。

2　ロシアの拒否権行使を容認する議論の問題点

　本章では、さきのロシアの拒否権行使を容認する議論を、国際法学および国際政治学の観点からそれぞれ検討し、これらの議論の問題点を浮き彫りにしたい。

（1）　国際法学

a　国連憲章第 27 条 3 項の文言解釈

　国連憲章第 27 条 3 項によれば、安保理が非手続事項（実質事項）に関して決定を下すためには、「常任理事国の全会一致を含む 9 理事国の賛成投票」が必要である。この文言解釈を重視して、ウクライナ情勢におけるロシアの

拒否権行使のような、まさしく実質事項に関する安保理決議案に対する拒否権は国連憲章上認められるという解釈が、国際法学において有力に主張されている[5]。もっとも、この立場は、憲章第27条3項の文言に固執するあまり、たとえ実質事項に関する拒否権行使に対しても、何らかの制約が本来存在するのではないか、という問題を軽んじているきらいがあるように思われる[6]。

b　国連憲章第1条1項の「正義と国際法の原則に従って」の解釈

　国連憲章は、第6章において紛争の平和的解決を、そして第7章において紛争の強力的解決を規定する。そして、憲章第1条1項によれば、国連は、憲章第6章の問題については「正義と国際法の原則に従って」紛争の平和的解決を実現することになっているのに対して、平和に対する脅威などが絡む第7章の状況においては、必ずしも「正義と国際法の原則に従って」行動する必要がない、と一般に解されている[7]。その結果、この立場は、ロシアとウクライナの武力衝突が生じているような第7章の状況において、ロシアは2022年2月および9月の安保理決議案に対して拒否権を行使するかについて広範な裁量を有することを重視する。ただし、厳密に言えば、ロシアの拒否権行使によって否決されたさきの安保理決議案が憲章第6章に基づくものか、それとも第7章に基づくものか、は明らかではないようにも思われる。そして、もしこれらの決議案が第6章に基づくものであれば、憲章第27条3項但し書きに基づき、紛争当事国たるロシアは、当該決議案の投票を棄権する義務を負わなければならない[8]。

c　二重拒否権

　二重拒否権とは、安保理決議案が手続事項か実質事項かをめぐって対立が生ずる場合、このいわば予備的な問題に対して最初の拒否権を投じて実質事項であることを決定したうえで、その実質事項に分類された決議案に対して2度目の拒否権を行使することである[9]。そして、この二重拒否権が認めら

れるのであれば、ましてウクライナ情勢においてロシアが行使したような典型的な実質事項に関する拒否権を制限することはできない、と議論される可能性がある。たとえば、さきにみたとおり、紛争当事国たるロシアの投票の棄権義務の有無をめぐって、今後、ロシアのウクライナ侵攻を非難する安保理決議案が憲章第6章または第7章のいずれに基づくものであるか、について採決に掛けられるような場面があり得るだろう。そして、この問題は、一見したところ手続事項であるように思われるが、ロシアが予備的問題としてこれに異議を唱えることによって、二重拒否権を投ずる可能性も否定できない。しかし、この二重拒否権は、国連発足当初に数回行使されたにとどまり、その後、今日まで一度も行使されていないことに留意する必要がある。

（2）　国際政治学

a　5大国間のバランス（露によるNATOの東方拡大阻止）

　拒否権は、5大国一致の原則とも呼ばれる。この原則によれば、安保理は5大国が一致する場合にのみ動くことができることが強調される。すなわち、安保理は、あくまでも5つの常任理事国の勢力のバランスを図りながら、国際の平和及び安全の維持に関して主要な責任を負うべきとの主張である[10]。ウクライナ情勢の基本的な背景には、主に冷戦終焉後に、NATOが急速に東方に拡大してきことに対して、ロシアがそれを自らに対する脅威と認識し、断固としてこの動きを阻止するという構図がある[11]。したがって、ロシアはNATOの主要加盟国でもある英米仏（P3）の圧力に対抗するために、拒否権を行使することによって、安保理における5大国間のバランスを図っているのであって、こうした観点からロシアの拒否権行使は容認されるべきである、と主張されうるだろう。しかし、そもそも5大国一致の原則と呼ばれる拒否権制度の本質は、安保理における常任理事国の勢力のバランスを図ることのみにあるのだろうか。むしろ、国連の目的・原則といった国連全体の利益という観点を重視すれば、常任理事国の勢力のバランスを図る意図を有するような拒否権行使に対しても、一定の制約がすでに国連発足時か

ら課せられている、とは言えないのだろうか[12]。

b 国連の崩壊を防ぐ安全弁・ヒューズ（露に対する制裁の阻止）

　安保理が常任理事国に対して制裁を加えるならば、それは、実質的に大規模な武力紛争を引き起こしかねない。この立場は、拒否権がこうした事態をあらかじめ防ぐ「安全弁」または「ヒューズ」の役割を果たしていることを強調する[13]。さきにみたウクライナ情勢に関する安保理決議案は、厳密には、ロシア自身に対して物理的な制裁を加えるものではないものの、ロシアの侵略を強く非難し、即時撤退・停戦を求める内容である。こうした決議案に対する拒否権行使が認められなければ、かえってロシアの態度を硬化させ、やがては安保理がロシアに対して制裁を加えようとする事態を招く恐れがある。これは、サンフランシスコ会議における招請国声明で5大国が主張した事件連鎖理論に類似する考え方であるとも言えよう。ここに事件連鎖理論とは、中小国間の局地的な紛争でもやがては大国の協調に基づく安保理の制裁措置が必要となる事件への連鎖を引き起こすかも知れないため、たとえ第6章に関する紛争においても、また、当該紛争の直接当事国でなくとも、常任理事国は拒否権を行使することが認められる、とする考え方である[14]。

　もっとも、安全弁またはヒューズの役割を果たすものとして拒否権を捉える立場や事件連鎖理論に類似する考え方から、ロシアの拒否権行使が容認されるべきと即断することには疑問が残る。なぜなら、拒否権を安全弁またはヒューズと位置づける以上、それは、当該拒否権行使を認めなければ国連の崩壊を現実的に招くといった、国連にあまりにも大きな負荷がかかっているような究極の場面を想定していると考えるべきとも言えるからである。その意味では、2022年2月および9月の安保理決議案がロシア自身に対して制裁を加える規定を含まない以上、これに対するロシアの拒否権を制限することが、直ちに、ロシアに対する制裁への道を開き、ひいては国連の崩壊を招くと言えるのか、検討の余地があるように思われる。また、事件連鎖理論に関しても、この理論は、あくまでも常任理事国が中小国間の紛争において特

別な責任を果たすことが前提とされていたことに留意しなければならない [15]。

c　加盟国の普遍性（露の脱退防止）

　1945 年に国連憲章において拒否権制度が導入された基本的な理由は、拒否権という代償を払ってでも、5 大国に国連へ加入してもらうという加盟国の普遍性が至上命題であったからであると指摘される。そして、この立場は、ウクライナ情勢をめぐるロシアの重大利益が絡む安保理決議案に対する拒否権行使を認めなければ、ロシアが国連から脱退し、加盟国の普遍性が大きく損なわれる恐れがあることを懸念する [16]。しかし、今回のロシアのような拒否権行使を制限することが、どこまでロシアの国連脱退につながるのかは、慎重な検討が必要であるように思われる。なぜなら、今や国連は 193 カ国の加盟国を抱える普遍的な国際機構に発展し、主要機関はもとより多くの専門機関が様々な分野において活動しており、その中でも、安保理は、国際の平和及び安全の維持に関する問題について日々決定や勧告を行う重要なフォーラムとして機能しているからである。したがって、もしロシアが国連を脱退すれば、それは、こうした国連の機関における地位や影響力を失うこと、とりわけ自国に矛先が向く安保理決議の採択に何ら影響を及ぼすことができない状況を招くことを意味する。だとすれば、むしろロシアにとっては、あくまでも国連に留まり、主要機関および専門機関における利益を享受しつつ、拒否権行使またはその威嚇を通じて、可能な限り安保理審議の方向性を左右するのが得策と考えることも十分あり得るだろう。現に、これまで、国連を脱退した事例は、1965 年にマレーシアが安保理の非常任理事国に選ばれたことに対して、インドネシアがこれを不満として脱退を事務総長に通告した事例のみであり、そのインドネシアも、国内のクーデターを契機に、翌年に国連に復帰している [17]。

　以上、国際法学と国際政治学の観点から、ロシアの拒否権行使を容認する主要な議論を検討した。いずれの議論にも首肯しうる側面があるものの、そ

れぞれに無視できない問題点があることが明らかとなった。そして、これらの問題点に多かれ少なかれ共通しているのは、ロシアの拒否権行使を容認するこうした議論が、そもそも拒否権制度にはその誕生時から本来課せられている制約が存在するのではないか、という視点を軽視しているように思われることである。次章では、こうした拒否権の本質的な制約を今一度浮き彫りにすることによって、ロシアの拒否権行使をより批判的に検討することを試みたい。

3　拒否権の本質的制約

（1）　拒否権の２面性

　国連憲章の起草過程を詳細に検討すれば、常任理事国の拒否権が認められた理論的な根拠として、「権利としての拒否権」（veto as a right）と「責任としての拒否権」（veto as a responsibility）という２つの側面があることが分かる[18]。

a　権利としての拒否権

　まず、「権利としての拒否権」とは、常任理事国が自らの重大利益が危機に瀕していると考える場合に、それを守るために拒否権を行使しうる特権を有するという側面を指す。この側面については、1945年2月に行われたヤルタ会談が重要である。この会談において米国大統領ルーズベルト、英国首相チャーチル、ソ連最高指導者のスターリンの3大国首脳は国連憲章第27条3項の原型たるヤルタ方式を正面から取り上げた。その際、彼らの最も重要な関心事は、スエズ運河問題、香港問題、フィンランド戦争、米・アルゼンチン紛争のような、自国の重大利益が危機に瀕する紛争において自らが直接の当事国である場合に、いかなる安保理決議案に対しても拒否権を行使しうることを互いに確認することであった[19]。さらに、ヤルタ会談のおよそ2ヶ月後に開催されたサンフランシスコ会議においても、英国は、常任理事

国自身に対する制裁の発動は、国際の平和を維持するどころか、かえって第3次世界大戦の勃発を助長させて、最終的には国連の崩壊をもたらす危険性がきわめて大きいと主張した[20]。

　注目すべきは、「権利としての拒否権」の側面を重視するこうした理解は決して大国だけのものではなかったということである。なぜなら、サンフランシスコ会議の第3委員会第1分科会は、その報告書の中で、一般に各国代表は、「(ヤルタ方式)は理論上、・・・おそらく強制行動のために必要であることに合意していた」のであって、その根拠のひとつとして、「万一強制行動が常任理事国に対して発動される場合、この機構は崩壊するだろう」ことを挙げていたからである[21]。その意味では、拒否権誕生当時の国際社会の歴史的、政治的状況の下では、各常任理事国の重大利益を守るための「権利としての拒否権」は、これら大国に対する制裁発動による国連の崩壊を防ぐという国連全体の利益に資するものであると判断されたと言えよう。こうした起草過程の経緯が示唆するところによれば、拒否権制度の核心は、何よりもまず、常任理事国の重大利益が直接の紛争当事国として危機に瀕している場合には、当該常任理事国がそうした利益を安保理の強制措置から絶対的に守ることであったのであり、このことは、普遍的な組織としての国際連合の設立という当時の国際社会の共通目標に照らしたとき、5大国のみならず、多くの中小国の利害にも一致するところが大きかったということである。これこそ、「権利としての拒否権」と呼ぶべき、常任理事国に拒否権が認められるに至った最も重要な理論的な根拠である。

　もっとも、「権利としての拒否権」が拒否権制度の核心部分であるため認められる余地が大きいと理解すべきであるとしても、それは、こうした拒否権行使に対して全く制約がない、ということを意味しない。なぜなら、「権利としての拒否権」が認められたのは、逆説的ながら、それが国連全体の利益に資する側面があると考えられたからであり、その限りにおいて容認されたことも否定できないからである。したがって、たとえ常任理事国が自国の重大利益に基づき「権利としての拒否権」の観点から拒否権行使を正当化し

ようとも、その正当化理由がきわめて弱く、国連全体の利益を著しく損なう場合は、国連の目的・原則から外れる拒否権行使であると言わなければならない。この側面は、憲章第27条3項の文言には明記されていないけれども、それでもなお、「権利としての拒否権」の本質的制約として位置づけることができるのであって、後に見るとおり、ウクライナ情勢におけるロシアの拒否権行使を批判的に検討する糸口となり得るのである。

b　責任としての拒否権

他方で、「責任としての拒否権」とは、常任理事国は、自国の重大利益が危機に瀕していない場合でも、自らの力と影響力を行使して国連全体の利益に合致する形で拒否権を行使しうるという側面である。常任理事国の重大利益が直接絡まない状況においても常任理事国の全会一致原則がなぜ必要であるのか。安保理の強制措置が実効的であるためには大国の集中した力の裏付けが必要であること、中小国間の局地的な紛争でもやがては大国の協調に基づく安保理の制裁措置が必要となる事件への連鎖を引き起こすかも知れないこと（事件連鎖理論）、さらに、安保理の決定において多数決によるいわゆる弱者の専制を防ぐ必要があること、などが基本的な理由として挙げられている[22]。

もっとも、「権利としての拒否権」が、常任理事国の重大利益が紛争当事国として危機に瀕する場合に拒否権制度の核心として基本的に認められる余地が大きいと考えられていたのに対して、「責任としての拒否権」は、いくつかの制約事由に基づいてより制限的に認められたにすぎないことに留意しなければならない。「責任としての拒否権」の本質的な制約については、とくに1945年4月から6月にかけて開催されたサンフランシスコ会議の議論が重要である。この会議において多くの中小国は、憲章第6章および第7章の状況で紛争当事国ではない常任理事国は拒否権を行使すべきではないという提案を行ったが、常任理事国の妥協が得られず、最終的にヤルタ方式は、賛成25、反対2、棄権20、欠席3の過半数により採択された。その結果、

国連憲章第 27 条 3 項は、憲章第 6 章の紛争当事国の棄権義務を除けば、常任理事国はおよそ実質事項について拒否権を行使しうる規定ぶりとなったのである。

　しかし、ここで強調すべきは、常任理事国自身が、常任理事国は国連体制の中で特別な責任を負うため、平和、人権、自決権に関連する国際社会の共通利益に寄与する形で抑制的にしか拒否権を行使しない、という制約事由を明確に主張していたことである[23]。サンフランシスコ会議の手続規則によれば、国連憲章の各提案は連合国の過半数を得られなければ採択され得なかった[24]。それゆえ、常任理事国は、拒否権抑制に関するこうした制約事由を提示して相当の譲歩を行わない限り、「責任としての拒否権」について過半数の中小国の賛同を得られず、その結果、拒否権制度の成立自体が危ぶまれると判断したと言えよう。

　その一方で、ヤルタ方式に対して反対票及び投票を棄権した 22 ヶ国の中小国のみならず賛成票を投じた中小国 20 ヶ国さえも、概して、最終的には 5 大国を含む普遍的な国際機構を樹立するために彼らの重大利益が直接絡まない状況においても拒否権が必要であり得ることは容認しつつも、同時に、「責任としての拒否権」の側面における拒否権抑制に関する常任理事国自身の誓約が国連憲章第 27 条 3 項の導入に不可欠なものと理解していた。さらに、これらの中小国は、ヤルタ方式に反対票を投ずることを控える前提として、拒否権制度は国連における加盟国の力関係の変化などに応じて将来的には何らかの改正が加えられることを強調していたことも注目される[25]。その意味では、拒否権制度は、本来、常任理事国の重大利益が絡まない状況においては、平和、人権、自決権に関する国際社会全体の利益に資するような場合にやむなく行使されるべきであると共に、国際社会の力関係や国際社会の新たな共通利益の形成の変化に伴い近い将来改正されるべきであるという明確な制約を伴って誕生したものであることを忘れてはならない[26]。

　もっとも、「責任としての拒否権」の「責任」とは、常任理事国の国際違法行為から生ずる法的な責任を意味しない。なぜなら、サンフランシスコ会

議において、常任理事国は実質事項に関する拒否権行使を控える明確な法的
義務まで負わないことについて広範なコンセンサスが存在していたように思
われるからである。したがって、「責任としての拒否権」の側面における制
約事由とは、常任理事国が拒否権を行使する際に、先に述べたいくつかの制
約を、厳密な法的規則としてではなく、一定の指針又は行動規範として守る
べきものであると考えられていたと言えよう[27]。しかし、他方で、こうした
「責任としての拒否権」の制約事由は、たとえ国連憲章第 27 条 3 項の文言に
は明記されていなくとも、サンフランシスコ会議に参加していたほとんどの
国家が拒否権制度を受け入れる大前提であった、ということは今一度確認し
ておかなければならない。要するに、こうした前提条件がなければ、そもそ
も憲章第 27 条 3 項は採択されていなかったのであり、その意味で、これら
の制約事由こそ、「責任としての拒否権」の本質的制約と呼ぶべきものであ
る。

（2）　実行の分析視点

　以上の検討を踏まえれば、「権利としての拒否権」と「責任としての拒否
権」は、基本的に、拒否権を行使した常任理事国の重大利益が危機に瀕して
いるか否かによって区別されるのであって、その意味で、ある具体的な拒否
権行使は、理論上、この 2 つのいずれかに性格づけられると言えよう。もっ
とも、実際上は、常任理事国の重大利益が危機に瀕しているか否かという基
準自体が曖昧であるため、ある特定の拒否権行使が「権利としての拒否権」
または「責任としての拒否権」のいずれに分類されるか、を判断するのが困
難な場合があり得よう。したがって、本稿では、もう一歩踏み込んで、「権
利としての拒否権」または「責任としての拒否権」の観点から特定の拒否権
行使に関する実行を分析する視点を明確にしていきたい。以下では、ある拒
否権行使に関して常任理事国の重大利益が危機に瀕しているか否かを判断す
る際に、まず、常任理事国自身の国益または動機を重視する主張の問題点を
指摘し、ついで、常任理事国の拒否権行使の正当化理由に基づく主張が妥当

であることを論じたい。

a　常任理事国自身の拒否権行使の国益または動機に基づく分析とその問
　　題点

　この立場は、拒否権を行使した常任理事国自身がいかなる国益または動機
を有しているかを重視して、当該拒否権行使が「権利としての拒否権」また
は「責任としての拒否権」のいずれに分類されるかを決定するものである。
こうした判断基準によれば、何よりもまず、ロシアの拒否権行使には、
NATO 東方拡大の阻止、ウクライナの NATO 加盟阻止、ウクライナ東部の
ドンバス地方の実効的支配の確立、といった、ロシア自身の様々な国益また
は動機が絡んでいることが重視される。その結果、こうした重大利益を保護
しようとするロシアの拒否権行使は、拒否権の核心部分たる「権利としての
拒否権」の観点から認められるという議論が展開されていくことになるだろ
う。第 2 章で見たとおり、これまでの国際法学および国際政治学の議論も、
概して、ロシア自身が認識する重大な国益または動機を重視して、「権利と
しての拒否権」の観点からロシアの拒否権行使を容認していると言えよう。
　しかし、およそ常任理事国が拒否権を行使する場合、そこには常任理事国
による重大利益の認識およびその利益を守るという動機が常に存在する、と
言える。したがって、常任理事国の拒否権行使の動機のみに基づく分析で
は、およそすべての拒否権行使が、「権利としての拒否権」に分類されてし
まい、その結果、常任理事国自身が認識する重大利益の観点から容認される
恐れがある。しかし、こうした分析は、「権利としての拒否権」を重視する
あまり、「責任としての拒否権」を軽んずるきらいがあり、拒否権の本質的
制約を捉え切れていないのではないか、という疑問が生ずる。

b　常任理事国自身の拒否権行使の正当化理由に基づく分析

　そこで、本稿が注目したいのが、常任理事国自身の拒否権行使の正当化理
由に基づく分析である。すなわち、常任理事国が自国の重大利益を援用して

正当化を行う場合は、当該拒否権は「権利としての拒否権」に分類され、他方で、常任理事国が国連の目的・原則など国連全体の利益に基づき正当化を行う場合は、「責任としての拒否権」に分類される、という理解である。まず、前者の例としては、1945年のヤルタ会談におけるスターリン（フィンランド侵攻、国際連盟からの除名）、チャーチル（スエズ、香港）、ルーズベルト（米・アルゼンチン紛争）の3巨頭がそれぞれ自国の重大利益を明確に援用して拒否権を正当化した発言が想起される[28]。また、最近の事例としては、1997年に中国が、グアテマラの台湾支持を理由に国連グアテマラ監視団（MINUGUA）の任期延長に関して拒否権を行使した際に、台湾問題に関するポジション・ペーパーを安保理で配布した事例や、2017年に、米国がエルサレムをイスラエルの首都として承認することに関して拒否権を行使した際に、これが米国の主権的決定であるためいかなる圧力にも屈しないと力説した事例が挙げられよう[29]。このように、常任理事国が自国の重大利益を明確に援用して拒否権の正当化を行う先例がいくつか存在する。そして、こうした正当化がなされる場合、それは、一応、拒否権制度の核心部分たる「権利としての拒否権」に分類することができよう。もっとも、これらの拒否権行使が、果たして、常任理事国の重大利益の観点から認められうるかは、より慎重な検討が必要である。

　他方で、常任理事国が国連の目的・原則に基づき正当化を行う後者の例としては、2011年以降、シリア紛争における中国とロシアが、シリアの国家主権、内政不干渉原則、紛争の平和的解決などを援用して度々拒否権を行使している事例や、とくに2000年以降、米国がパレスチナ紛争に関して、紛争の根本的解決につながらないなどの理由で頻繁に拒否権を行使してきた事例、さらには、2022年5月に、中国とロシアが、北朝鮮の核・ミサイル問題に関して、紛争の平和的解決原則などを援用してこの問題をめぐって初めて拒否権を行使した事例が挙げられるだろう[30]。これらの事例において、常任理事国は、自国の重大利益を直接援用すると言うよりはむしろ、国連の目的・原則の観点から拒否権行使を正当化しているため、これらの拒否権行使

は、拒否権の本質的制約がとくに問題となる「責任としての拒否権」に分類
することができよう。

（3）常任理事国の正当化理由から見た「権利としての拒否権」と「責任としての拒否権」の関係

　以上の検討で明らかとなったように、ある拒否権行使が「権利としての拒
否権」または「責任としての拒否権」のいずれに分類されるかを検討する
際、拒否権を投じた常任理事国自身の認識する国益や動機と並んで、あるい
はそれ以上に重要なのは、当該常任理事国が拒否権を行使する際に自国の重
大利益が絡んでいることをどのように正当化したか、である。そして、常任
理事国が「責任としての拒否権」の観点から拒否権行使を正当化することを
自ら選択した場合、「権利としての拒否権」の観点から正当化する場合より
も、当該拒否権が拒否権の本質的制約に合致しているかが厳しく判断され
る。なぜなら、拒否権の核心部分である常任理事国の重大利益から離れれば
離れるほど、国連全体の利益を考慮した常任理事国の特別な責任が重視され
るからである。実際、近年、「責任としての拒否権」における常任理事国の
特別な責任の内容を明確化する動きが高まっており、たとえば、ジェノサイ
ドや人道に対する犯罪のような虐殺犯罪の場合は拒否権行使を控えるべきと
いう行動規範が、およそ 100 カ国の国連加盟国の賛同を得ていることが注目
されよう [31]。

　要するに、ある具体的な拒否権行使は、常任理事国自身が自国の重大利益
が絡んでいることをどのように正当化したか、という基準に基づいて、一般
的には、「権利としての拒否権」または「責任としての拒否権」のいずれか
に分類される、と理解しうるであろう。しかし、それでもなお、実際上は、
拒否権を投じた常任理事国の正当化理由が曖昧な場合が少なくないため、依
然として、ある特定の拒否権行使が「権利としての拒否権」なのか、それと
も「責任としての拒否権」なのかについて、判断することが困難な場合があ
るだろう。さらに、常任理事国の正当化理由が多岐にわたる、または首尾一

貫していない場合、ある拒否権行使を「権利としての拒否権」または「責任としての拒否権」のいずれかに峻別することは、かえってその拒否権の有する意味合いを十分捉え切れない可能性があるようにも思われる。したがって、こうした場合、当該拒否権行使は「権利としての拒否権」と「責任としての拒否権」の両方の側面を兼ね備えている、と理解したうえで、それぞれの側面の正当化理由が拒否権の本質的制約にどこまで合致しているかを慎重に検討すべきであろう。以上の分析枠組みに照らして、次節では、ロシアの拒否権行使そのものを批判的に検討していきたい。

4　ロシアの拒否権行使の批判的検討

（1）　ロシアの拒否権行使の正当化理由

　ロシアは、2022 年 2 月の安保理決議案に拒否権を行使した際、ロシアの軍事行動がドンバス地方の住民を民族主義者から保護する特別な活動であり、また、この軍事行動が同地方の非ナチ化と非軍事化のために必要である、と発言した[32]。また、2022 年 9 月の安保理決議案に対しても、ロシアは、ウクライナ東部・南部の 4 州における住民投票が国際法に合致する形で実施されたこと、そして、これら 4 州をロシアに編入する条約を締結したことを強調する一方で、ウクライナ政府による虐殺や、ウクライナにおけるナチスによる一般住民への発砲を非難した[33]。

　他方で、拒否権が行使された安保理審議以外の発言にも目を向けると、ロシアは、国連憲章第 51 条の自衛権を援用して、ウクライナに対する武力行使を正当化していることが注目される。しかし、憲章第 51 条に基づく安保理への書簡において、ロシアは、ウクライナのいかなる行為が自衛権の発動要件たる「武力攻撃」を構成するのかについて、一切説明を行っていない。むしろ、この書簡の中で、ロシアは、「（この軍事活動）の目的は、8 年間、キーウの政権による権力濫用とジェノサイドに服してきている人々を保護することである」[34]と主張している。こうして、ロシアは、形式的には第 51

条の自衛権を援用しつつも、実際には、いわゆる人道的介入の主張を展開し
ているようにも見受けられる[35]。

　このように、ロシアの拒否権行使の正当化理由は、憲章第51条の自衛権
と人道的介入の側面が複雑に入り交じっていることに留意しなければならな
い。そのため、本稿では、以下の理由に基づき、ロシアの拒否権行使が、
「権利としての拒否権」と「責任としての拒否権」の双方の側面を兼ね備え
ていると理解して議論を進めたい。すなわち、一方で、ロシアがウクライナ
に対する武力行使を憲章第51条の自衛権に基づき正当化するのみならず、
ウクライナ東部・南部4州を編入する措置まで取っていることを重視すれ
ば、これらのロシアの行為を批判する安保理決議案に対するロシアの拒否権
行使は、自国の重大利益を守るための「権利としての拒否権」に基づくもの
側面があると分析しうるだろう。他方で、ロシアの武力行使の目的がウクラ
イナにおけるジェノサイドを阻止することにあり、安保理審議においてもこ
の点を力説していたことを重視すれば、ロシアの拒否権行使は、基本的人権
を保障するという国連の目的に基づき正当化された「責任としての拒否権」
の側面があることも否定できない[36]。

（2）　ロシアの拒否権行使の批判的検討

a　「権利としての拒否権」：自衛権に基づくロシアの重大利益の保護？

　第2章で明らかにしたとおり、「権利としての拒否権」とは、常任理事国
が自らの重大利益が危機に瀕していると考える場合に、それを守るために拒
否権を行使しうる特権を有するという側面を指す。そして、この「権利とし
ての拒否権」は拒否権制度の核心部分であるため、「責任としての拒否権」
の正当化の場合よりも、常任理事国の主張が容認される余地が大きい、と一
応評価することはできるだろう。しかし、第3章で指摘したとおり、たとえ
常任理事国が自国の重大利益に基づき「権利としての拒否権」の観点から拒
否権行使を正当化しようとも、その正当化理由がきわめて弱く、国連全体の
利益を著しく損なう場合は、国連の目的・原則から外れる拒否権行使であっ

て、拒否権の本質的制約に合致しないものであると言わなければならない。

　ここでとくに問題となるのが、ロシアの重大利益が絡むことを示唆する自衛権に関するロシアの主張がきわめて弱い点である[37]。周知の通り、憲章第51条の自衛権の発動要件としては、武力攻撃の発生、必要性・均衡性、安保理への報告義務があり、さらに、集団的自衛権については、直接被害国の宣言・要請が必要であると一般に理解されている。しかし、先に指摘したように、ロシアはウクライナのいかなる行為が武力攻撃を構成するかについて、まったく説明を行っていない。また、ロシアは、ウクライナ東部のドンバス地方における「ドネツク人民共和国」と「ルハンスク人民共和国」を国家として承認し、これらの国家と締結した友好協力相互援助条約に基づき、集団的自衛権を行使したという主張も展開している[38]。しかし、この主張に対しても、そもそも、「ドネツク人民共和国」と「ルハンスク人民共和国」が、集団的自衛権の行使を要請する権利を持つ国家性を有しているのか甚だ疑わしい、という批判を加えることが可能である。したがって、ウクライナに対するロシアの武力行使が憲章第51条の自衛権の要件を満たしているとは言いがたく、むしろ、憲章第2条4項に違反する侵略であると解しうるように思われる。要するに、たとえロシアが自国の武力行使を侵略と非難する安保理決議案に対して「権利としての拒否権」を行使したと理解しうるとしても、憲章第51条の自衛権に基づく正当化を認めることがきわめて困難である以上、ロシアの拒否権行使は、国際の平和及び安全の維持という国連憲章の最大の目的から大きく外れるものであり、その結果、拒否権の本質的制約に合致しないものである、と結論しうるのではないだろうか[39]。

　b　「責任としての拒否権」：ジェノサイドを防止するロシアの特別な責任？

　「責任としての拒否権」に関しては、本来、常任理事国は、平和、人権、自決権に関する国際社会全体の利益に資するような場合にやむなく行使されるべきである、という点が重要である。では、ロシアがウクライナのジェノ

サイドを防止するために特別軍事作戦を実施していると主張し、当該作戦の
中止を要請する安保理決議案に対して「責任としての拒否権」を行使する際
に、国連全体の利益に資するように常任理事国としての特別な責任を果たし
ていると言えるのだろうか。

　この点に関しては、主に以下2つの理由に基づき、ロシアは拒否権を行使
するに際して、国連全体の利益を真摯に考慮する特別な責任を果たしている
とは言いがたいように思われる。第1に、ドンバス地方におけるジェノサイ
ドをめぐって、ロシアの主張と事実関係に大きな食い違いがあるように思わ
れることである。注目すべきは、2022年3月16日、ICJが、ジェノサイド
条約違反事件（ウクライナ対ロシア）における仮保全措置命令において、
「裁判所は、ジェノサイドがウクライナ領内で行われたというロシア連邦の
主張を証明する証拠を有していない」[40] として、あくまでも仮保全措置段階
ではあるが、ウクライナによるジェノサイドの存在そのものに疑義を表明し
たことである。さらに、ICJは、たとえ、ウクライナ領内でジェノサイドが
行われていたとしても、それでもなお、ジェノサイド条約が締約国に対して
ジェノサイドを防止する目的で他国領域への一方的な武力行使を許可してい
るかどうか疑わしい、とも明言しているのである[41]。このICJの判断を踏ま
えれば、ロシアのウクライナに対する武力行使は、国連憲章第2条4項に違
反する侵略である可能性がきわめて大きい。まして、憲章第2条4項が国際
社会の根本規範とも言える強行規範（*jus cogens*）でもあることを重視すれ
ば、ロシアの拒否権は、国連全体の利益に資するどころか、強行規範の重大
な違反である自らの侵略を助長する形で行使されたとも評価できるのであっ
て、その意味では、このロシアの拒否権が「責任としての拒否権」における
特別な責任を果たしていると評価することは困難である。

　第2に、ロシアが特別軍事作戦を展開する際に、ウクライナへの広範な地
域への攻撃に関する武力紛争法の重大な違反の疑い（病院など非軍事目標へ
の攻撃、原発への攻撃、文民の殺害など）が主張されていることである。こ
の点に関して、2022年3月4日、国連人権理事会は、決議49/1において、

ロシアの侵略及び人道法違反を可能な限り強い調子で非難したうえで、ウクライナ独立調査委員会の設置を決定した[42]。さらに注目すべきは、同年4月7日、国連総会が、ウクライナ領内におけるロシアの重大かつ組織的な人権侵害を理由に、ロシアの人権理事会における理事国資格を停止する決議を採択したことである[43]。こうした人権理事会の動きを重視すれば、ロシアが自らの重大な人権侵害を強く非難する安保理決議案に拒否権を行使するのみならず、その後もウクライナにおいて組織的な人権侵害を継続していることは、基本的人権の保障という国連全体の利益に資する形で拒否権が行使されたとは言いがたいことを示しているように思われる。

　以上、ICJ および人権理事会の対応を中心に、「責任としての拒否権」の観点から、ロシアの拒否権行使を批判的に検討した。たしかに、現在進行中のウクライナ情勢をめぐる事実関係は錯綜しているため、ロシアの人権侵害や侵略に対して断定的な結論を下すことには可能な限り慎重でなければならない。しかし、ICJ と人権理事会という国際組織の対応を重視するならば、ロシアの拒否権行使は、「責任としての拒否権」においてとくに重視されるべき常任理事国としての特別な責任を果たしていると結論することは困難である[44]。要するに、ロシアが「責任としての拒否権」を行使したと理解しても、この拒否権行使は、国際の平和及び安全の維持および基本的人権の尊重という国連憲章の目的から大きく外れるものであり、その意味で、拒否権の本質的制約に合致しない恣意的な拒否権行使であると評価しうる。では、こうした評価は、ロシアの拒否権行使に対する国連加盟国の対応によって、どの程度まで裏付けられているのだろうか。

（3）　ロシアの拒否権行使に対する国連加盟国の対応

　ロシアの拒否権行使に対する国連加盟国の対応に関しては、以下2つの動きが注目される。第1は、緊急特別総会における決議の採択である。ロシアの最初の拒否権行使の2日後の2022年2月27日、安保理の要請により「平和のための結集」決議に基づき緊急特別総会が開催され[45]、3月2日、ロシ

アの侵略を非難する総会決議が賛成 141 票で採択された[46]。さらに、ロシアの 2 度目の拒否権行使のおよそ 2 週間後の 10 月 12 日には、同じく緊急特別総会において、ロシアによるウクライナ東部 4 州の併合を非難する決議が賛成 143 票で採択された[47]。これらの審議において、多くの加盟国は、ロシアのウクライナ侵略が国連憲章の明確な違反であることを強調するとともに、拒否権は本来特権ではなく特別な責任を果たすことが大前提であるとして、ロシアの拒否権行使を強く非難するものであった[48]。もっとも、ウクライナに対するロシアの武力行使を明確な憲章違反であると非難することを避けた加盟国も決して少なくなく、実際に、いずれの総会決議の採択に際しても 35 カ国が投票を棄権している。これらの国家は、概して、ロシアの拒否権行使に対する明確な批判も慎重に控えており、たとえば、中国、インド、南アフリカは、紛争の平和的解決こそが重要であるという主張を展開するにとどまっている[49]。こうした緊急特別総会の審議を見る限り、インド、中国、南アフリカを含む相当数の加盟国がロシアの拒否権行使に対していかなる立場を取っているのか、判然としないと言わざるを得ない。もっとも、これらの国家は、決してロシアの拒否権行使が国連の目的・原則に合致するものであるとまで明言したわけではなく、その意味で、ロシアをはじめ反対票を投じた 5 カ国とは一線を画していたことも否定できない事実である。

　第 2 に、ロシアの拒否権行使の分析で重視すべきは、2022 年 4 月 28 日、拒否権行使の説明責任を問う総会決議が採択されたことである。拒否権の説明責任については、総会決議 267 号（1949 年）など、国連発足初期における総会審議にいくつかの先例がある。しかし、今回の決議は、その内容がより具体的である点が注目される。すなわち、本決議は、総会が拒否権行使から 10 日以内に安保理で審議の対象であった事態について討議するために会合を招集することを決定しつつ、安保理に対してその会合が開始される 72 時間前までに当該拒否権行使に関する特別報告書を総会に提出するよう求めているのである。さらに、今回の決議は、「平和のための結集」決議と比較しても、一歩踏み込んだ側面があることに着目すべきである。すなわ

ち、「平和のための結集」決議に基づき緊急特別総会を開催するためには、安保理における9理事国の賛成投票または総会における加盟国の過半数の要請が必要であるけれども、今回の決議は、安保理において拒否権が投じられれば、自動的に、当該拒否権行使を審議するための総会が開催されるのである。

　総会において拒否権の説明責任を自動的に問うこうした仕組みが採択された意義は決して小さくない。なぜなら、この動きは、常任理事国による拒否権行使の正当化理由をこれまでよりも厳密に議論することによって、当該拒否権がどこまで国連の目的・原則に合致しているかをより積極的に判断していくべきという共通理解が深まっていることを如実に示しているからである[50]。注目すべきは、拒否権の説明責任を自動的に問うこの仕組みは、他でもないウクライナ情勢におけるロシアの最初の拒否権行使を契機に本格的な議論が開始され、その結果、この拒否権から2ヶ月足らずで、世界の主要な地域を横断する形でコンセンサスによって採択されたことであり、そこには、緊急特別総会の審議においてはロシアの拒否権行使に対して明確な非難を控えた中国、インド、南アフリカのような加盟国も含まれていることである。もちろん、この総会決議がコンセンサスで採択されたことは、それ自体、中国、インド、南アフリカのような加盟国が、ロシアの拒否権行使を国連の目的・原則に合致しない恣意的なものであった、と判断したことを直接裏付けるものではないだろう。しかし、それでもなお、これらの加盟国が反対票や投票棄権に回らずにコンセンサスに最終的に加わった事実を完全に無視することはできない。なぜなら、こうした対応は、これらの加盟国が、ロシアの拒否権行使が国連の目的・原則の観点から問題を含むものであるため、少なくとも、ロシアはより明確な説明責任を果たすべきであるという立場を示そうとした、と言えるからである。実際、たとえば、インドは、拒否権のみならず安保理のより包括的な改革を進めていくべきという観点からこの決議に難色を示しつつも、それがロシアの武力行使および拒否権行使を容認・黙認したと捉えられないように、最終的にコンセンサスに加わったので

ある[51]。中国にいたっては、この決議が安保理と総会の関係の観点から問題があると指摘しつつも、「(この決議によって)、総会は実効的な多国間主義に大きな貢献をする権限を与えられた。総会の役割に関する我々の一貫した立場を踏まえ、我々はこの決議の目的を理解し、それに同意する」[52]とまで発言しているのである。

おわりに

本稿の目的は、国際連合における拒否権の本質的制約に着目して、2022年に勃発したウクライナ情勢におけるロシアの拒否権行使を批判的に検討することにあった。検討の結果、以下の3点が明らかとなった。

第1に、国連憲章第27条3項の文言解釈や、5大国間のバランスといった観点からロシアの拒否権行使を容認する国際法学および国際政治学の議論は、そもそも拒否権には、その誕生時から本来何らかの制約があるのではないか、という問題意識に乏しい。むしろ、これらの議論は、すでに国連憲章の起草時から強く意識されていた「権利としての拒否権」と「責任としての拒否権」の2面性に基づく拒否権の本質的制約を軽視している点で大きな問題を抱えている。

第2に、拒否権行使が本質的制約に合致しているかどうかを判断する際には、常任理事国の拒否権行使の正当化理由を慎重に検討することが重要である。そして、常任理事国が「責任としての拒否権」の観点から拒否権行使を正当化することを自ら選択した場合、「権利としての拒否権」の観点から正当化する場合よりも、当該拒否権が拒否権の本質的制約に合致しているかが厳しく判断される。なぜなら、拒否権の核心部分である常任理事国の重大利益から離れれば離れるほど、国連全体の利益を考慮した常任理事国の特別な責任が重視されるからである。

第3に、ロシアの拒否権行使の正当化を重視すれば、ロシアは、憲章第51条の自衛権に基づく自国の重大利益を守る観点から「権利としての拒否

権」を行使していると理解しうるけれども、軍事作戦の目的がウクライナに
おけるジェノサイドを防止するという人権保障に資することを強調している
側面を踏まえれば、「責任としての拒否権」に基づき拒否権行使を正当化し
ようとしているとも言える。しかし、いずれの側面についても、ロシアの拒
否権行使は、国際法上明確に違法であるとまで言い切れないとしても[53]、少
なくとも、国連の目的・原則から大きく外れたものであり、その意味で、拒
否権の本質的制約に合致しないものであると結論しうるだろう。

注

1　UN Document, S/2022/155, 25 February 2022.

2　UN Document, S/PV.8979, p.6, 25 February 2022.

3　UN Document, S/2022/720, 30 September 2022.

4　UN Document, S/PV.9143, p. 4, 30 September 2022.

5　たとえば、H. Kelsen, *The Law of the United Nations: A Critical Analysis of its Fundamental Problems*, (Stevens and Sons, 1950), p. 265; B. Conforti, *The Law and Practice of the United Nations, 3ʳᵈ revised ed.*, (Martinus Nijhoff Publishers, 2005), pp.65–66.

6　こうした国際法学の基本的な立場に対する問題提起に関しては、瀬岡直『国際連合における拒否権の意義と限界－成立からスエズ危機までの拒否権行使に関する批判的検討－』(信山社、2012 年)、3 頁-17 頁を参照。

7　H. Kelsen, *supra* (n.5), p.295.

8　この点を指摘するノルウェー (S/PV.8979, p.8, 25 February 2022) スイス (A/ES-11/PV.1, p.20, 28 February 2022)、リヒテンシュタイン (A/ES-11/PV.2, pp.6-7, 28 February 2022) の発言を参照。もっとも、憲章第 27 条 3 項但し書きの紛争当事国の投票の棄権義務は、これまで必ずしも一貫して履行されてきたわけではない。関連する実行については、L. Sievers and S. Daws, *The Procedure of the UN Security Council, 4ᵗʰ ed*, (Oxford University Press, 2014), pp.339–350 を参照。

9　内田久司「いわゆる二重拒否権について－安全保障理事会の表決手続における手続事項と実質事項」『東京都立大学法学会雑誌』第 7 巻第 1 号 (1966 年) 77 頁

-135頁。L. Sievers and S. Daws, *ibid.*, pp.318-327 を参照。

10　たとえば、ロシア（S/PV.8980, p.7, 27 February 2022）の発言を参照。なお、このロシアの発言を正面から批判しているケニア（A/ES-11/PV.2, pp.11-12, 28 February 2022）の発言も参照。

11　Address by the President of Russian Federation, 24 February 2022, accessed on 16 November 2022, http://en.kremlin.ru/events/president/news/67843

12　こうした問題意識を共有している立場として、A. Nollkaemper, "Three Options for the Veto Power After the War in Ukraine", ejiltalk.org, April 11, 2022, accessed on 16 November 2022, https://www.ejiltalk.org/three-options-for-the-veto-power-after-the-war-in-ukraine/

13　明石康『国際連合－軌跡と展望－』（岩波書店、2006年）112頁-114頁。I. Claude, *Swords into Plowshares – The Problems and Progress of International Organization –, 4th ed,* (Random House, 1971), p.156.

14　瀬岡、前掲書（注6）、64頁-68頁。

15　同上、67頁-68頁。

16　国連憲章の起草過程において、国連からの脱退に関する報告書が採択されたことに関しては、Documents of the United Nations Conference on International Organization, (United Nations Information Organizations, 1945), vol. VII, p. 267.

17　UN Document, S/6157, 21 January 1965; S/7498, 19 September 1966.

18　N. Seoka, "The Gradual Normative Shift from 'Veto as a Right' to 'Veto as a Responsibility': The Suez Crisis, the Syrian Conflict, and UN Reform," in E. Yahyaoui Krivenko, ed, *Human Rights and Power in Times of Globalisation,* (Brill, 2018), pp.199-202. 国連憲章の起草過程全般については、瀬岡、前掲書（注6）、19-93頁。

19　瀬岡、同上、34-50頁、とくに46頁。

20　*Documents of the United Nations Conference on International Organization,* (United Nations Information Organizations, 1945), vol. XI, p. 322.

21　*Ibid.,* p.306.

22　サンフランシスコ会議の招請国声明におけるこうした正当化については、瀬岡、前掲書（注6）、63-73頁。

23　同上、72頁、75-76頁。

24　R. Russell, *A History of the United Nations Charter – The Role of the United*

States 1940-1945, (The Brookings Institution, 1958), p.643.

25　瀬岡、前掲書（注6）、76-87頁。

26　同上、91-93頁。

27　Seoka, *supra* (n.18), p.201.

28　瀬岡、前掲書（注6）、34-50頁、とくに46頁。

29　前者の中国の拒否権に関しては、UN Document, S/PV.3730, p.17, 10 January 1997. 後者の米国の拒否権に関しては、UN Document, S/PV.8139, p.3, 18 December 2017 を参照.

30　瀬岡直「国際連合における拒否権の意義と限界－シリア紛争における中露の拒否権行使に対する批判的検討－」日本国際連合学会編『ジェンダーと国連（国連研究第16号)』（国際書院、2015年）163頁-185頁。同「パレスチナ紛争に関するアメリカの拒否権行使に対する批判的検討：国際連合における拒否権の本質的制約の視点から」日本国際連合学会編『国連と大国政治（国連研究第21号)』（国際書院、2020年）77頁-101頁。北朝鮮問題に関する中露の拒否権行使については、UN Document, S/PV.9048, p.3, 26 May 2022 を参照。

31　瀬岡直「パレスチナ紛争に関するアメリカの拒否権行使に対する批判的検討：国際連合における拒否権の本質的制約の視点から」日本国際連合学会編『国連と大国政治（国連研究第21号)』（国際書院、2020年）83頁-86頁。

32　UN Document, S/PV.8979, p.14, 25 February 2022.

33　UN Document, S/PV.9143, pp.3-4, 30 September 2022.

34　UN Document, S/2022/154, p.6, 24 February 2022.

35　本件では、常任理事国たるロシア自身が武力行使を行っているため、常任理事国による武力行使の正当化と拒否権の正当化の関係をいかに捉えるべきか、という理論的にも重要な問題が絡んでいるように思われる。しかし、紙幅の関係上、この理論的な問題については、今後の課題としたい。

36　なお、2022年3月、ICJ は、ジェノサイド条約違反事件（ウクライナ対ロシア）の仮保全措置命令において、ロシアが憲章第51条の自衛権に基づきウクライナに対する武力行使を正当化していることを指摘しつつも、この武力行使の目的がジェノサイドを防止することにあるというロシアの主張を重視して、本件に対するジェノサイド条約上の管轄権を一応認めたことが注目される。Allegations of Genocide under the Convention on the Prevention and Punishment of the Crime of Genocide, (Ukraine v. Russian Federation), *I.C.J. Reports*, 2022, para.46.

37　なお、ロシアによるウクライナ東部・南部4州の編入措置が人民の自決権に合致するものであるか、も重要な問題であるが、紙幅の関係上、ここでは省略する。

38　Address by the President of Russian Federation, *supra* (n.11).

39　ロシアの拒否権行使が、ウクライナに対する自らの軍事侵略の隠れ蓑にすぎない言語道断の試みであると指摘するアイルランドの発言については、UN Document, S/PV.8980, p.4, 27 February 2022. なお、常任理事国の武力行使の正当化がきわめて弱く、国連憲章第2条4項の武力行使禁止原則に違反することが明白であるため、その武力行使を批判する安保理決議案に対して投じられた当該常任理事国の拒否権が、国際の平和及び安全の維持という国連憲章の目的から大きく外れるものであったと国連加盟国によって広く理解されるに至った先例としては、スエズ危機における英仏の拒否権行使が挙げられる。瀬岡、前掲書（注6）、139頁-167頁。

40　Allegations of Genocide under the Convention on the Prevention and Punishment of the Crime of Genocide, (Ukraine v. Russian Federation), *I.C.J. Reports*, 2022, para.59.

41　*Ibid.* なお、ジェノサイド条約の防止義務と拒否権の関係に関しては、瀬岡直「ジェノサイド条約の防止義務に基づく拒否権の法的制限に関する一考察－J. Heieck の議論をめぐって－」『Journal of International Studies』第5号（2020年）43頁-73頁を参照。

42　UN Document, A/HRC/RES/49/1, 4 March 2022.

43　UN Document, A/ES-11/L.4, 7 April 2022.

44　ロシアの特別な責任を強調する発言として、たとえば、メキシコ（S/PV.8980, p.4, 27 February 2022）を参照。

45　UN Document, S/RES/2623, 27 February 2022. 安保理の要請により「平和のための結集決議」に基づく緊急特別総会が開催されたのは、およそ40年ぶりである。

46　UN Document, A/RES/ES-11/1, 2 March 2022. 票決結果は、賛成141、反対5（ロシア、ベラルーシ、北朝鮮、エリトリア、シリア）、棄権35（中国、インド、南アフリカなど）である。

47　UN Document, A/RES/ES-11/4, 12 October 2022. 票決結果は、賛成143、反

対 5（ロシア、ベラルーシ、北朝鮮、ニカラグア、シリア）、棄権 35（中国、イ
ンド、南アフリカなど）である。

48　たとえば、リヒテンシュタイン（A/76/PV.69, pp.18-19, 26 April 2022）、メ
キシコ（*Ibid.*, pp.20-21）、ブルガリア（*Ibid.*, pp.21-22）、カナダ（*Ibid.*, pp.22-
23）、アメリカ（*Ibid.*, pp.23-24）、イギリス（*Ibid.*, pp.25-26）、ポーランド（*Ibid.*,
p.26）の発言を参照。なお、2022 年 2 月 25 日に、ロシアの拒否権行使が権限
の濫用であるとする 50 カ国の共同声明が出されたことも注目される。常任理
事国の拒否権行使が明確に権限の濫用であると指摘する共同声明が、50 カ国も
の賛同を得て発表されるのは、筆者の知る限り、国連の歴史上、はじめてであ
る。United States Mission to the United Nations, "Joint Statement Following
a Vote on a UN Security Council Resolution on Russia's Aggression Toward
Ukraine", 25 February 2022, accessed on 21 May 2022, https://usun.usmission.
gov/joint-statement-following-a-vote-on-a-un-security-council-resolution-on-
russias-aggression-toward-ukraine/

49　中国（A/ES-11/PV.1, pp.22-23, 28 February 2022）、インド（A/ES-11/PV.2,
pp.20-21, 28 February 2022）、南アフリカ（A/ES-11/PV.5, pp.20-21, 2 March
2022）の発言を参照。

50　なお、この仕組みは、2022 年 6 月 8 日、北朝鮮の核・ミサイル問題をめぐる
中露の拒否権行使に対してはじめて適用された。A/76/PV.77, 8 June 2022.

51　A/76/PV.69, 26 April 2022, pp.9-10. なお、安保理および総会におけるインド
の投票棄権が決して「ロシア寄り」ではないことを指摘する主張として、伊藤
融「国連対ロ非難決議にみる『大陸国家』インドの苦悩」『外交』Vol.72, Mar./
Apr.2022（都市出版、2022 年）58 頁-61 頁。

52　*Ibid.*, p.8.

53　ロシアの拒否権行使を明確に違法とする主張に関しては、J. Trahan,
"Aggression and the Veto", OpinioJuris, 28 February 2022, accessed on 21 May
2022, https://opiniojuris.org/2022/02/28/aggression-and-the-veto/ を 参 照。 な
お、瀬岡直「強行規範に基づく拒否権の法的制限に関する一考察 - J. Trahan
の議論を中心に - 」『Journal of International Studies』第 7 号（2022 年 6 月）
17 頁 -32 頁。同「（書評）Jennifer Trahan, *Existing Legal Limits to Security
Council Veto Power in the Face of Atrocity Crimes*, Cambridge University
Press, 2020, xvii+355pp.」『国際法外交雑誌』120 巻 4 号（2022 年）121 頁-125

　頁も参照。

IV

政策レビュー

5　安保理による立法的行為の評価：
安保理決議 1540 の国内履行からの考察

田 中 極 子

はじめに

　2022 年 11 月 30 日、国連安全保障理事会（以下、「安保理」）は、安保理決議 1540（以下、「決議 1540」）の後継決議である決議 2663 を全会一致で採択し、1540 委員会の任務が 2032 年 11 月末まで 10 年間更新された[1]。決議 1540 は、2001 年 9 月 11 日の米国同時多発テロを受け、テロリスト等の非国家主体が大量破壊兵器を入手し使用する懸念が高まったことにより、その予防措置として 2004 年に採択された決議である。それまで安保理は、特定の事態に対して「国際の平和と安全に対する脅威」と認定し、その脅威を除去するために何らかの行動を執ることを目的として決議を採択してきた。つまり安保理は、国際の平和と安全を維持するという目的を執行するための機能を果たしてきたのであるが、決議 1540 は、特定の事態に対する脅威認定をせずに、非国家主体に対する大量破壊兵器の拡散を一般的に国際の平和と安全に対する脅威とみなして、国連憲章第 7 章の下で決議を採択し、すべての国連加盟国に即時適用される法的義務を課した。このことから、決議 1540（およびそれに先駆けて採択された決議 1373（2001））の採択によって、安保理は立法的機能を持ったとして国連加盟国政府や国際法、国際政治学研究者の間で大きな議論を巻き起こした[2]。

　決議 1540 の採択から 18 年半を経た 2022 年 11 月末、1540 委員会は決議 1540 の履行状況に関する包括的レビューを実施し、それを受けて決議 2663

が採択された。本論文では、1540 委員会による包括的レビューをとおして、安保理による「立法的措置」として採択された決議 1540 は、国連加盟国によるその後の国内履行に対してよりどのような影響をもたらしたのか検討する。第一に、決議 1540 の条項を精査し、決議の趣旨および目的を再確認する。第二に、安保理が全会一致でこのような立法的措置を採択するにあたって、どのような議論があり、どのような妥協があったのかを改めて考察する。第三に、決議採択から 18 年を経た現在の国内履行状況をとおして、決議採択時の解釈の相違がその後の国内履行にどのように影響しているかを分析する。最後に、安保理による国際立法的措置の効果とその限界に関する考察を加える。

1 安保理決議 1540 の概要

　決議 1540 は、大量破壊兵器およびそれらの運搬手段（以下「大量破壊兵器等」）の非国家主体への拡散防止を目的として、2004 年 4 月に安保理の全会一致で採択された。国連憲章第 7 章下において採択された決議であり、すべての国連加盟国に対して法的拘束力を持つ。決議 1540 の背景には、二つ深刻な懸念がある[3]。一つは、2001 年 9 月 11 日の米国同時多発テロの発生により、大量破壊兵器がテロリスト等の非国家主体に取得、使用される懸念である。もう一つが、2004 年 2 月に、パキスタンのカーン博士（A. Q. Khan）による「核の闇市場」が明らかになったことによる、大量破壊兵器の非国家主体による拡散である。前文には以下の記載がある[4]。

　　　テロリズムの脅威、並びに、安全保障理事会決議第 1267 号に基づいて設立された委員会により定められ保全されている国連の一覧表において明らかにされている者及び決議第 1373 号が適用される者といった非国家主体*が、核兵器、化学兵器及び生物兵器並びにそれらの運搬手段を取得、開発、取引又は使用することの危険性を重大に懸

念し

核兵器、化学兵器及び生物兵器の拡散の問題に新たな広がりを付加
し、国際の平和及び安全に対して脅威を与えるそのような兵器及びそ
れらの運搬手段並びに関連物質の不正取引の脅威を重大に懸念し

　まず上段の前文では、安保理決議 1267 と 1373 が引用されている。決議
1267 はタリバーンの活動を規制することを目的とした決議であり、決議
1373 はより広範にテロ行為を非難し、テロ行為を阻止することを目的とし
て、テロ組織への資金供与の禁止を国連加盟国に義務付けたものである。い
ずれもテロ対策のための安保理決議であることから、決議 1540 は、1267 と
1373 に連なるテロ対策決議であるように解釈できる。また、「テロリズムの
脅威」と「非国家主体」が並列に記載されていることから、非国家主体とは
テロリストを指すものと解釈できる。では、これらの決議において対象とな
るテロリストとは誰が認定するのか。決議 1267 が対象とするテロリストは
タリバーンである。決議 1373 が対象とするテロリストとは、安保理の補助
機関として設立された対テロ委員会（Counter-Terrorism Committee: CTC）
が、決議履行のための資産凍結対象者リストを作成しており、そのリストに
記載された組織、団体、個人をテロリストと認定している。その一方で、決
議 1540 では、「非国家主体」にアスタリスクが付され、本決議における「非
国家主体」の定義として、「非国家主体とは、この決議が対象とする活動を
行うにあたり、いかなる国の法律に基づく権限の下でも行動していない個人
又は団体」と記載される。この定義に基づけば、非国家主体は必ずしもテロ
リストに限られない。
　さらに前文では、続けて大量破壊兵器の拡散問題が重大な懸念であること
を示したうえで、本決議が採択される必要性として以下の二点を示してい
る。

　　さらに、すべての国が、核兵器、化学兵器又は生物兵器及びそれら
の運搬手段の拡散を防止する追加的な効果的措置をとることが緊急に
必要であることを認識し、

　　国連憲章に従い、あらゆる手段を尽くしてテロリストの行為によっ
て生ずる国際の平和と安全に対処する必要性を再確認し

　このようにして、決議1540の背景には、明らかにテロ対策があることが
認められる一方で、大量破壊兵器の不拡散とテロ対策の二つの要素が含まれ
ており、決議1540の趣旨および目的は、国家権力の下での活動を除くあら
ゆる大量破壊兵器の不拡散なのか、大量破壊兵器を用いたテロ行為を防ぐテ
ロ対策なのか、またはその両方なのか、異なる解釈を可能としている。
　続いて、国連加盟国に対する義務事項を定めた主文を見ると、さらに混乱
を招く書きぶりとなっている。

　　主文1
　　すべての国は、核兵器、化学兵器又は生物兵器及びそれらの運搬手
段の開発、取得、製造、所持、輸送、移転又は使用を企てる<u>非国家主
体に対し</u>、いかなる形態の支援も提供することを差し控えることを決
定する。（下線筆者）

　　主文2
　　また、すべての国は、自らの国内手続きに従って、<u>いかなる非国家
主体も</u>、特にテロリストの目的のために、核兵器、化学兵器又は生物
兵器及びそれらの運搬手段の製造、取得、所持、開発、輸送、移転又
は使用並びにこれらの活動に従事することを企てること、共犯として
これらの活動に参加すること、これらの活動を援助又はこれらの活動
に資金を供することを禁ずる適切で効果的な法律を採択し執行するこ

とを決定する。（下線筆者）

主文3

　また、すべての国は、関連物質に対する適切な管理を確立すること
を含め、核兵器、化学兵器又は生物兵器及びそれらの運搬手段の拡散
を防止する国内管理を確立するための効果的な措置を採用し実施する
ことを決定し、この目的のため、すべての国が、以下を行うことを決
定する。

（a）　生産、使用、貯蔵又は輸送において、そのような品目の使途を
明らかにし、安全を確保するための適切かつ効果的な措置を策定し維
持すること。

（b）　適切で効果的な防護措置を策定し維持すること。

（c）　自らの国内法的権限及び法律に従って、並びに、国際法に合致
して、必要なときは国際的な協力を通ずることを含め、そのような品
目の不正取引及び不正仲介を探知し、抑止し、防止し及び対処するた
めの適切で効果的な国境管理及び法執行の努力を策定し維持するこ
と。

（d）　輸出、通過、積換及び再輸出を管理する適切な法令、資金供与
及び拡散に貢献する輸送といったそのような輸出及び積換に関連する
資金及び役務の提供に対する管理並びに最終需要者管理の確立を含
め、そのような品目に対する適切で効果的な国内的輸出及び積換管理
を確立し、発展させ、再検討し及び維持すること。また、そのような
輸出管理に関する法令の違反に対する適切な刑事上又は民事上の罰則
を確立し及び執行すること。

　主文1は、すべての国連加盟国に対して、大量破壊兵器とその運搬手段の
開発、取得や製造につながる活動に関して、非国家主体へのいかなる支援提
供も禁止することを義務付けることをとおして、国連加盟国に対して政治的

コミットメントを求めている。ここではテロリストやテロ行為は触れられておらず、禁止の対象は、決議が定義する「非国家主体」である。したがって、前文の定義に基づけば、テロリストに限らず、国家の法律に基づく権限の下で行動していないすべての団体や個人の活動が含まれる。テロ組織や犯罪組織に関与していなくても化学物質を調合して化学兵器の開発を企てる個人も含まれるし、病原菌を散布できるようなドローンの改造を企てる個人や団体も含まれる。

　このような個人や団体を含む非国家主体が、主文1に定める活動を行うことを違法化するように、主文2では、国連加盟国に対して国内法整備を義務付ける。その一方、主文2では「いかなる非国家主体も、特にテロリストの目的のために」大量破壊兵器とその運搬手段の製造等を禁ずるための「適切で効果的な法律」を採択することが規定される。「テロリストの目的」を特筆することにより、明らかにテロ対策を目的とした条項となっている。ただし、「テロリストの目的」は定義されておらず、なにをもって「適切で効果的」とするのかの基準も示されていない。したがって、前文に引用されるように、決議1373に基づき認定されるテロリストに対して、大量破壊兵器等の活動を行えないような法律を制定するのか、国内法において「テロリストの目的」を各国が定義し、その目的を実現しようとする非国家主体に対して、大量破壊兵器に関する活動を禁止するための法律を制定することが「適切で効果的」であるのか不明瞭である。

　続く主文3は、大量破壊兵器およびその運搬手段の拡散を防止するために、関連物資の国内管理を義務付けている。関連物資とは、「核兵器、化学兵器及び生物兵器並びにそれらの運搬手段の設計、開発、生産又は使用のために用いることができる物資、設備及び技術であって、関係する多国間条約及び取決めの対象となっているもの又は国内管理表に含まれているもの」と定義されている。つまり大量破壊兵器およびその運搬手段の開発等に使用される汎用品やデュアルユース品および技術を国内で適切に管理することを求めている。国内管理の方法として4項目規定されており、①関連物資に関連

する活動における責任所在の明確化（account for）および安全確保
（secure）、②物理的防護（physical protection）、③不正取引および不正仲
介の探知を含む国境管理、そして④輸出、通過、積換および再輸出の管理、
ならびにそれらの関連する資金および役務提供の管理である。

　主文3には「テロリスト」や「テロ行為」の文言は記載されていないが、
主文1の政治的コミットメントを確保することを目的とした国内管理である
と考えるならば、非国家主体に対して大量破壊兵器に関連する関連物資がい
きわたらないようにするための管理であると考えることができる。さらに、
主文3に規定される管理項目はテロ対策に限定した管理とは読み取りにく
い。たとえば、4項目の輸出管理について、「そのような品目に対する適切
で効果的な国内的輸出及び積換管理を確立し」と規定されており、品目に対
する管理を義務付けるが、対象者を限定した管理には言及していない。

2　決議採択時の各国立場

　では、決議1540の採択に際して、各国はこの決議をどのように見ていた
のであろうか。国連はその創設以来、軍縮問題を扱ってきたが、軍縮・不拡
散一般については国連総会が、そしてイラクや北朝鮮における大量破壊兵器
の開発問題といった個別事案については安保理が取り上げてきた。そうした
経緯の中で、決議1540の採択は、決議1373と並んで、特定の事態を国際の
平和と安全に対する脅威として認定するのではなく、テロや大量破壊兵器の
非国家主体に対する拡散を、一般に国際の平和と安全に対する脅威とみなし
て、すべての国連加盟国に対する法的義務を課す安保理による「立法」的な
行為とみなされている[5]。こうした立法的行為が容認された背景には、決議
1540の前文に規定のあるとおり、2001年米国同時多発テロ以降、大量破壊
兵器とテロリストが結びつく危険性が認識されたことや、「カーン・ネット
ワーク」とも呼ばれる核の闇市場の発覚により、大量破壊兵器に関する新た
な拡散問題が明らかになったことが背景にある。

　米国は、2003 年 9 月の国連総会におけるブッシュ（George W. Bush）大統領による一般演説で、大量破壊兵器とテロリストとの結びつきを強く懸念し、安保理に対して厳格な輸出管理体制を義務付ける決議の採択を要請した[6]。その後、2003 年 10 月に、リビア行きのウラン濃縮装置（遠心分離器）を積んだ船舶が阻止され、核の闇市場の存在が明らかになると、さらに輸出管理の強化の重要性が強く認識されるようになった。このような背景もあり、安保理による立法的措置が急務であるという認識が、安保理の非理事国を含む多くの国に共有され、多数国間交渉による条約作成が望ましいとされながらも、例外的な措置として受け入れられることとなった[7]。

　一方で、決議 1540 の採択当時、安保理の理事国および非理事国共に、テロと大量破壊兵器の結びつきという脅威に対して、大量破壊兵器の不拡散をより強調する国と、テロ対策の側面をより強調して決議 1373 の継続として解釈する国とに分かれた。決議 1540 の採択に当たっては、すべての国連加盟国に国内法整備を義務付ける安保理の立法的行為であるがゆえに、安保理以外の国連加盟国の意見も広く取り入れることを目的として、2004 年 4 月 22 日に安保理公開会合が開催され、非理事国にも意見表明の機会が与えられた。安保理公開会議にて発言した主な国家の立場の相違を示したのが以下の表 1 である。

　表 1 では、公開会合で立場表明を行った国を 4 つのグループに分類している。一つ目は、決議 1540 は大量破壊兵器の不拡散の観点から重要だと立場表明した国、2 つ目は、不拡散を重視するが何らかの留保を示した国、3 つ目が対テロの観点から重要だと表明した国、4 つ目は不拡散か対テロかどちらを重視するかに対する明示的な発言のなかった国である。また、表 1 では加盟国を安保理理事国と非理事国に分けている。安保理理事国は、決議採択における投票権のある国で、非理事国は公開会合での立場表明はしたものの投票権を持たない国である。

表1 決議1540採択時の各国立場の相違

	安保理メンバー (2004)	非安保理メンバー	理由
不拡散	米、英、露、中、仏、独	カナダ、スウェーデン、スイス、イスラェル	（中国）内政干渉のない範囲で（強制阻止を削除） （仏、米、英）輸出管理、セーフガード強化 （英、米）他の不拡散レジームは軍縮がメイン、不拡散は不足
留保付き不拡散	ブラジル、ベニン、ルーマニア	ペルー、NZ、南ア、インド	（ブラジル）「不拡散」は既存不拡散レジームで。新概念を作るべし （ベニン、ペルー、南ア）不拡散と軍縮は両輪／WMDの完全廃棄優先／条約交渉を行うべし （インド）安保理か輸出管理の規範を作るべきではない
対テロ	フィリピン、スペイン、アンゴラ、アルジェリア、パキスタン	シンガポール	（フィリピン）WMD非保有、拡散の脅威なし （パキスタン）不拡散は不拡散レジームで積み上げていくべし／決議はテロ対策に限定
不明瞭	チリ	日本	

（第4950回安保理会合議事録（S/PV.4950）より発表者作成）

（1） 安保理理事国の立場

　まず、安保理常任理事国のうち決議案の提案国である米国やフランスは、決議1540を不拡散の目的と位置づけている。米国は、大量破壊兵器およびそれらを製造する能力の拡散が、世界の平和と安全に対する現実的かつ拡大しつつある脅威であることを述べ、「非国家主体や無法な政権（outlaw regimes）がこれらの兵器を保有すれば、地域全体に対する脅威となり混乱を招く」[8]と述べ、「この決議案の目的は、加盟国に対して、これらの兵器やその材料等の無許可の取引、不正取引を違法化し、危険な取引を阻止すること」[9]と述べている。そのうえで、「そのために加盟国に対し、自国の輸出及び積換え規制を強化すること」[10]を要請している。このことから、米国

は決議 1540 を、テロ対策としてというよりは大量破壊兵器の不拡散強化を目的としたものと捉えていると考えられる。同じくフランスとロシアも、決議 1540 は、既存の不拡散体制を補完するものであると強調している[11]。

　中国も、現在の国際安全保障環境においては、既存の国際的な不拡散体制を発展させる必要性を述べているが、その一方で、技術の自由な取引の重要性を主張し、交渉によって決議案から貨物の強制停止が削除されたことを歓迎している[12]。このことからも、中国は決議 1540 を大量破壊兵器の不拡散を目的としたものと理解しており、同時に、安保理による不拡散措置が各国の自由取引を侵害すべきではないとの立場を示したものと解釈できる。

　決議 1540 はあくまでテロ対策決議であることを強く主張した安保理理事国が、フィリピン、アルジェリア、スペイン、ロシアとアンゴラである。フィリピンは、「国際の平和と安全に対する脅威であるテロリズムに対抗するための措置という観点から、この問題に取り組む」[13]と明言した。また、アルジェリアも「テロリストネットワークが、大量破壊兵器の製造に使用される技術や物資の違法な取引を追求する可能性は、私たち全員の安全に対する深刻な脅威である」[14]として、本決議がテロ対策を目的としたものであることを示している。スペインおよびアンゴラは、明白に決議 1540 と決議 1373 を結びつけており、「決議案の文脈は、他でもない世界的なテロとの戦いであり、スペインは決議 1373 から始まった行動の一部であると考えている」[15]、「検討対象の決議案は、決議 1373 で示された目的に合致するものであり、その採択は、テロとの世界的な闘いを主導する安保理の能力において画期的な出来事となるだろう」[16]と述べている。

　フィリピンが代表するように、多くの国連加盟国は、化学兵器禁止条約（CWC）および生物兵器禁止条約（BWC）の締約国であり、また、核不拡散条約（NPT）に非核兵器国として加盟しており、原子力の平和利用に関しては国際原子力機関（IAEA）との保障措置協定を締結している。これらの関連する国際条約を国内適用することにより、多くの国連加盟国は、国内での大量破壊兵器の開発を全面的に禁じており、それは自国内の非国家主体

にも適用される。すなわち、こうした国家にとって、大量破壊兵器の拡散は、大量破壊兵器を保有する国家から発生するのであり、最優先すべきは大量破壊兵器の全廃、すなわち軍縮である。こうした国家の立場から見れば、NPTで軍縮の議論が進まず、またCWCに関しては、2004年当時の化学兵器の廃棄作業が遅れている状況において、すべての国連加盟国に対して新たな不拡散措置を義務付けることは、関連する国際条約に基づく義務事項から目を背けさせる行為とも解釈される。

　同様の発言をしているのがブラジルとベニンであり、両者は本決議を大量破壊兵器の不拡散に資するものと位置づける一方で、安保理決議という強制力の強い不拡散義務が構築されることに懸念を示した。ブラジルは、NPT、CWC、BWCの加盟国であることに加え、原子力供給グループ（NSG）、ミサイル技術管理レジーム（MTCR）のメンバーでもあり、国内での不拡散措置は十分に行っており、大量破壊兵器のない世界こそが究極の目的であることを表明した[17]。さらに大量破壊兵器の拡散と非国家主体との結びつきという新たな脅威に対しては、「不拡散」の用語ではない新たな概念を用いることで、新たな脅威に革新的に取組む道が開けるとも述べている[18]。ベニンは決議1540が国連憲章第7章下の強制力の強い決議であることに疑問を呈しており、折衷案として、決議主文1から3までのみを憲章第7章下で採択し、並行して、関連する国際条約の下で、不拡散条約の法的不足を補うための議定書交渉を早急に開始すべきであるとの立場を表明している[19]。

　ブラジルやベニンが、一定の懸念を示しつつも、決議1540の採択に賛成したのに対して、パキスタンは、大量破壊兵器の不拡散に関する強制力の強い措置を安保理で採択することに明確に反対を表明した[20]。パキスタンは、大量破壊兵器の拡散問題が国際の平和と安全に対する新たな脅威であることに同意しつつも、不拡散問題は多国間条約に基づく不拡散レジーム内で取り扱うべき問題であり、15か国のみがメンバーである安全保障理事会が取り上げるべき問題ではないと発言している。他方で、公開会議後、決議案が修正され、対象がテロリストに限定される書きぶりとなったことや、国内法の

中身については決議によって規定するのではなく、各国の裁量に委ねられることが記載されたことにより、最終的には決議の採択に賛成票を投じている[21]。

　安保理で投票権を有する安保理理事国内での立場をみると、大半の理事国は、本決議を大量破壊兵器の不拡散体制を補完するものと認識しているが、ブラジル、ベニン、ルーマニアは、不拡散に資すると解釈しつつも、不拡散と軍縮は大量破壊兵器のない世界に向けた両輪であり、本決議が不拡散のみに焦点を当てていることに対しては留保的立場を示している。それに対し、大量破壊兵器を保有せず自国からの拡散脅威はないとの立場であるフィリピンや、国内および地域の安全保障上、テロ対策が優先課題であるスペイン、アンゴラ、アルジェリアは、本決議はテロ対策を主眼とした決議 1373 を補強するとの位置づけを明確にしている。決議 1540 は、理事国間での異なる立場を反映させ、採択に結びつけるための妥協の産物であり、異なる解釈の余地を残した条項の書きぶりとなっている。

（2）　安保理理事国以外の国連加盟国の立場表明

　つづいて安保理理事国以外の国で公開会合に参加し、立場表明を行った国では、カナダ、スウェーデン、スイス、イスラエルが本決議を大量破壊兵器の不拡散決議として、決議採択を支援している。なお、日本は、不拡散決議かテロ対策かといった大局からの発言は行っていないが、決議 1540 の採択に際して発表された外務報道官談話において、本決議を大量破壊兵器の不拡散に関する決議と位置づけていることや[22]、2004 年 10 月に 1540 委員会に対して提出した日本の実施報告において「日本は、大量破壊兵器の軍縮・不拡散に関する基本的立場に従って、国連安保理決議 1540 を効果的に実施するために必要な国内措置を取っている」[23] と表明しているとおり、決議 1540 を不拡散の側面から捉えている。

　これに対して、安保理理事国以外にも発言の機会を要求した国連加盟国のひとつである南アフリカは、本決議を大量破壊兵器の不拡散と位置づけつつ

も、決議案の書きぶりではその目的を十分に果たしえないとの具体的な提案を行った。南アフリカは、問題の所在は、大量破壊兵器および関連する技術や物資がテロ集団や不正移転に関わるネットワークに従事する人々の手に落ちる可能性であることを明確に認識しており、関連物資や技術のデュアルユース性に鑑みれば、加盟国の中でも特に核、化学、生物に関連する能力を持っている国にとっては、決議の履行が、病院、研究所、大学、動物病院、農業研究センターなどに幅広く影響を及ぼす可能性に言及している[24]。だからこそ、決議は、すべての加盟国にとって現実的かつ履行可能な形で起草されることが必要であり、特に何を管理対象とするかに関する明確な管理品目リストがなければ、管理対象に関する解釈の違いを生み出すことになることを懸念している[25]。

　なお、キューバ、インドネシア、イランおよびシリアは公開会議に出席し、決議案を大量破壊兵器の不拡散のための決議との認識を示したうえで、軍縮、軍備管理および不拡散に関する法的義務は、すべての国が参加する条約交渉をとおしてのみ可能であり、安保理決議による立法措置に対して確固たる反対を表明した[26]。

3　決議 1540 の履行状況

　上述のように、安保理決議 1540 は、安保理による立法的行為に対する国連加盟国の反対意見も多く、また安保理内においても、テロ対策を目的としたものか、大量破壊兵器の不拡散を目的としたものかの解釈が分かれる中で、2004 年 4 月 28 日に安保理の全会一致で採択された。全会一致での採択とはいえ、安保理内でも本決議の趣旨および目的に関しては同床異夢の様相を呈していたといえる。その結果、決議の国内履行にどのような影響があったのであろうか。安保理は、決議 1540 の採択と同時に、決議の国内履行状況を安保理に報告するための補助機関として 1540 委員会を設立している。1540 委員会は、2006 年、2008 年、2011 年、2016 年に続き、最近では 2020 年か

ら 2022 年にかけて国内履行状況に関する包括的レビューを実施した[27]。本稿では、2022 年 11 月 29 日に 1540 委員会がまとめた包括的レビュー報告書[28] に基づき、安保理による立法的行為が、国内履行にどのような影響を及ぼすかを考察する。

　包括的レビューでは、すべての国連加盟国による国内履行状況を、「マトリクス」と呼ばれる対照表を用いて決議 1540 の主要義務事項ごとにまとめている[29]。マトリクスへの記載は、加盟国から提出される国内報告を基礎にしつつ、他の国際機関に対して加盟国政府が提供する情報等を補完的に活用している。決議 1540 の採択時に、安保理による立法的措置に対する批判が生じたこともあり、1540 委員会には加盟国の国内履行を検証したり評価したりする権限はなく、あくまでマトリクスは加盟国からの報告に基づく情報をまとめたものにすぎない。その一方で、すべての加盟国のマトリクスは 1540 委員会のウェブサイトに公開されており、1540 委員会のマトリクスが各国の国内不拡散体制を確認するためのデータベースの役割を果たすこともあり、加盟国の国内履行状況の得点表として利用されることもある[30]。

　2019 年から 2020 年の間に更新された 1540 委員会のマトリクス（「2021 年マトリクス」とする）では、193 か国すべてのデータフィールド 44,004 のうち、24,841 のフィールドで何らかの措置を記録しており、全体の約 56％をカバーしている[31]。これは 2016 年の同じデータと比較すると約 6％の増加であり、前回 1540 委員会の任期が更新された 2011 年と比較すると約 13％の増加である。そのうち主文 1 から 3 を個別にみると、主文 1 の政治的コミットメントについては 79％、主文 2 の非国家主体が大量破壊兵器に関連する活動を行うことを違法化する国内法整備の義務についても 77％の履行率であるのに対して、主文 3 の関連物資に関する国内管理措置に関しては、主文 3（a）（b）の責任所在の明確化と安全確保措置が 40％、主文 3（c）（d）の国境管理と輸出管理が 51％の履行率にすぎず、主文ごとの履行率の差は大きい（グラフ 1）。

グラフ1 主文ごとの履行状況

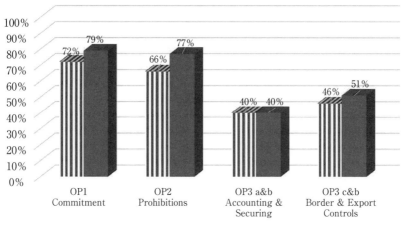

KEY OBLIGATIONS: OP1, OP2, OP3A&B AND OP3C&D

（出典：1540委員会包括的レビュー報告書、p.7）

（1） 主文1の履行状況

　主文1に関して、国連加盟国193か国のうち153か国は、非国家主体による大量破壊兵器に関する活動につながるいかなる支援もおこなわないとの政治的コミットメントを、1540委員会に対して何らかの形で明示的に表明している[32]。また、マトリクスでは、決議1540の国内履行に関連のある国際条約として、NPT、非核兵器地帯、核テロ防止条約、改正核物質防護条約、CWC、BWC、1925ジュネーブ議定書、爆弾テロ防止条約、テロ資金供与防止条約、海上航行の安全に対する不法な行為の防止に関する条約とその議定書、大陸棚上に所在する固定プラットフォームの安全に対する不法な行為の防止に関する議定書とその議定書、国際民間航空についての不法な行為の防止に関する条約を特定している[33]。これらの条約の締約国は、決議1540の関連項目に関して賛同しているとみなされている。

（2）　主文 2 の履行状況

　主文 2 は、非国家主体が大量破壊兵器に関連する活動を違法化するための国内法制定義務であり、マトリクスは、生産、取得、保有、開発等の活動ごとに 12 項目に細分化している。12 項目のうち、履行率が最も高い項目は「使用」の禁止である。非国家主体による核兵器、化学兵器および生物兵器の使用をなんらかの形で法的に禁止している割合は、それぞれ 90％、94％、91％ある[34]。これに対して、「開発」は核、化学、生物の順に 53％、79％、69％であり、これらの兵器に関連する運搬手段を禁止している割合は、28％、75％、64％である[35]。この背景のひとつは、多くの国が主文 2 の禁止事項を、それぞれ NPT、CWC および BWC の国内適用に依拠しているからである[36]。いずれの条約も使用を禁止していることから、「使用」の項目の履行率が高い一方で、NPT は「開発」を明示的に禁止していないため、核兵器の開発を禁止する履行率は、化学兵器および生物兵器のそれと比較して低くなっている。同様に、CWC において明示的な禁止対象となっていない「輸送（transport）」は、CWC の国内適用のみで決議 1540 の国内履行に援用している場合には、禁止対象となっていない可能性がある[37]。核兵器に関しては、NPT が明示的に禁止するのは非核兵器国に対する「移譲」「製造」「取得」のみであり、NPT の国内適用のみでは、決議 1540 の義務事項を十分に担保できないことになる。運搬手段も同様で、CWC および BWC はそれぞれに関連する運搬手段の禁止を義務付けているが、NPT は核兵器の運搬手段は条約の対象に含まれていない。そのため、核兵器の運搬手段に関する禁止の履行率が低くなっている。

　このように多くの国が NPT、CWC および BWC の国内履行でもって決議 1540 の履行としているが、ここで注意しなければならないのは条約の国内適用の方法である。国際条約の国内適用の方式は国によって異なる。国際条約に国内法としての性質を付与して適用可能とする場合には、国際条約上で定められた禁止事項に対する違反行為の罰則規定を追加している場合が多いが、国際法を国内法として直接適用する国家においては、違反に対する罰則

規定が伴わない。そのため、NPT、CWC および NPT の直接適用をもって決議 1540 の国内適用に援用している場合には、決議 1540 主文 2 の義務事項である「法律を採択し執行すること」の執行の部分が履行されないことになり、マトリクス上のすべての項目において「法整備」より「法執行」の履行率が低くなっている[38]。

　なお、適用対象となる非国家主体について、NPT、CWC および BWC に基づく禁止事項は、国内適用においては、当該国内の私人に適用されるものと想定でき、その対象は必ずしもテロリストに特化するわけではない。したがって、主文 2 の義務事項を関連する国際条約の国内適用をもって履行している国家は、国際条約が対象とする活動に限り、決議 1540 の定義上の非国家主体に適用されるものと捉えることができる。すなわち、CWC を国内適用し、罰則規定を付加している国家は、少なくとも化学兵器の「開発」「生産」「保有」「使用」および化学兵器に関連する運搬手段に関するそれらの活動について、非国家主体に対する禁止を法整備している。これらの関連する国際条約の国内適用に加えて、主文 2 の国内履行は、テロ対策に関連する国内法を用いて補完する場合も多い。たとえば主文 2 の義務事項のうち「保有」を見ると、193 か国の加盟国のうち、非国家主体による大量破壊兵器の保有を一切禁止していない国家が 11 か国、主にテロ対策法によって禁止している国が 45 か国ある[39]。主にテロ対策法に基づき決議 1540 の義務事項を担保している国では、非国家主体が「テロリスト」なり「組織犯罪」に限定される。また、主文 2 では、禁止される活動に対して資金提供することも禁止されており、その履行率は 88 ％である[40]。これは多くの国が、テロ資金供与防止条約[41]に加盟しており、その国内適用を行っていることが理由であると考えられるが[42]、この場合においても非国家主体を「テロリスト」ないし「組織犯罪」に限定した適用である。

　主文 2 の履行状況から読み取れることは、大半の国が、決議 1540 の国内履行のために新たな国内法整備をするのではなく、NPT、CWC、BWC そしてテロ資金供与防止条約等の既存の関連する国際条約の国内適用でもっ

て、決議 1540 の国内履行としていることである。この結果、決議 1540 の義務事項をすべて網羅することにはつながっておらず、また、非国家主体がテロリストに限定された履行となっている。

（3）　主文３の履行状況

つづいて主文３の履行状況を主文３（a）と（b）に規定される関連物質[43]の責任所在の明確化および安全確保と、主文３（c）と（d）に規定される国境管理および輸出管理の二つに分けて考察する。上記グラフ１に示されるように、主文３の履行率は、（a）（b）が 40％、（c）（d）が 51％となっており、関連物質の国内管理体制の構築は、主文２の兵器に関する活動の禁止に対する法整備と比較して履行状況が芳しくない。主文３の国内管理体制の構築は、既存の関連国際条約を補完する要素であり、大量破壊兵器の非国家主体への不拡散の観点からは、決議 1540 の特徴的な義務事項であり、主文３こそが決議 1540 の要諦であるということもできる。

主文３（a）（b）のうち、責任所在を明確にする措置は 55％の履行率であるのに対して、安全確保および物理的防護措置は 33％の履行率にとどまっている[44]。さらに兵器のカテゴリーで責任所在措置の履行率を見ると、核兵器の関連物資に関しては、「生産」「使用」「貯蔵」は 94％から 95％の履行率であり、「輸送」が 66％である[45]。化学兵器の関連物資は、「生産」「使用」「貯蔵」は 60％から 63％で、「輸送」は 49％である[46]。これに対して、生物兵器の関連物資は、「生産」「使用」「貯蔵」が 27％から 33％と低く、「輸送」が 41％となっている[47]。

この背景にも、主文２と同様に、既存の関連条約の国内適用を援用していることが認められる。NPT の締約国である非核兵器国には、IAEA による保障措置協定の締結が義務付けられており、核関連物質の国内管理を行っている。このため、IAEA 保障措置に含まれる核関連物資の「生産」「使用」「貯蔵」の責任所在を明確化する措置の履行率が高い。これに対して「輸送」は比較的低い履行率となっているが、IAEA による輸送時の核セキュリティ

ガイドが普及していることにより、今後はより多くの国が「輸送」についても履行するようになることが期待される。これに対して、CWC には、明示的に化学セキュリティの義務事項は規定されていない。その一方で、CWC には化学物質に関する申告義務があり、その申告に「生産」「使用」「貯蔵」に関する責任所在の明示が含まれることから、CWC の締約国で、CWC の検証対象となる化学物質を扱っている国においては、「生産」「使用」「貯蔵」の責任所在措置を履行している。BWC には、バイオセキュリティの義務事項が規定されていないことから、BWC の国内適用以外で個別のバイオセキュリティの管理体制を構築しない限り決議 1540 の国内管理義務を履行できない。CWC や BWC に明示的な規定がないことが理由で、化学および生物の関連物資に関する安全確保措置や物理的防護措置の履行率は極めて低い。

　主文 3（c）（d）の国境管理と輸出管理を見ると、主文 2 や主文 3（a）（b）と異なり、兵器のカテゴリーごとの違いは大きくない[48]。他方で活動ごとにみると、関連物資の不正取引の探知、抑止、防止のための国境管理は、95% の履行率であり、ほぼすべての加盟国で何らかの措置が取られている[49]。半面、「不正仲介」を探知、抑止、防止する措置については、核、化学、生物のいずれの関連物質についても 35%、38%、34% と低い履行率となっているが、これは、決議 1540 における「不正仲介」の意図が不明瞭であることも理由の一つである[50]。「仲介取引」や「仲介貿易」とは、三国間貿易とも呼ばれ、たとえば A 国に存在する業者が、B 国の製造業者に商品を受注して C 国に輸送するというように、一般的には B 国から C 国へのモノの移動を、第三国である A 国が仲介することを指す。したがって、不正取引の管理とは、A 国の仲介取引業者の行動を管理することと認識される。このように仲介取引を認識するならば、当事国である A 国の国境で物の移動が発生しないため、「国境管理」との関連が明確ではないが、決議 1540 の主文 3（c）の書きぶりを見ると、不正仲介が国境管理の要素として記載されており、「不正仲介」管理が何を意味するのか明確ではない。そのため、不正仲介管

理として何らかの措置をとっていることが記録されているマトリクスにおいても、その履行の内容は様々であり、必ずしも大量破壊兵器の不拡散に資する目的での不正仲介を管理しているわけではない国もある。

「不正仲介」管理と同様に、輸出管理の内容全般に関して、国家間で履行内容に大きな相違が生じている。マトリクス上に、なんらかの輸出管理措置が記録されている国家は、核兵器と化学兵器の関連物資でそれぞれ 73% と 72% あり、生物兵器の関連物資で 56% ある[51]。核および化学の関連物資に関する履行率が比較的高い背景には、主には NPT および IAEA 保障措置に基づく移転の禁止義務、そして CWC の検証対象化に置かれる化学物資の移転管理義務を国内履行しているからである。BWC には関連物資の移転管理義務は既定されていないことから、生物兵器関連物資の輸出管理履行率は低くなっている。

何らかの輸出管理措置が記録されているのに対して、関連物資の国内管理品目リストを作成している国は、核、化学、生物の順に 46%、58%、40% である[52]。輸出管理の主要な国際的な枠組みとして、核兵器分野における原子力供給国グループ（NSG）とミサイル技術管理レジーム（MTCR）、化学および生物兵器分野に関してはオーストラリアグループ（AG）、そして関連する運搬手段に関してはワッセナー・アレンジメント（WA）がある。これらの輸出管理レジームは、任意の国家間における調整枠組みで、それぞれ参加する国の数は、NSG48 か国、MTCR35 か国、AG42 か国 7、WA42 か国であり、限定的な枠組みである。大半の国連加盟国が輸出管理レジームの参加国ではないことから、国内管理品目リストの基準となる国際的な管理品目リストは存在しない。また、輸出管理レジームが一部の国による一方的な規制の性格を持ち、経済学でいう一種のカルテルとも解釈されることから[53]、輸出管理レジームの非参加国に対して、輸出管理レジームが合意した管理品目リストを基準として国内管理品目リストの作成を慫慂することが難しい。さらに、輸出管理に関連するその他の項目である最終用途確認、キャッチオール措置、通過および積換管理、再輸出については、さらに履行率が低く

なっており、大量破壊兵器の不拡散のための輸出管理体制が講じられている国はかなり限定的である。

　主文3の履行率から読み取れるのは、NPTとそれに基づくIAEA保障措置協定、CWC、BWCの国内適用が援用できる要素については、決議1540の義務事項の履行率が高く、決議1540のみを法的根拠とする義務事項については履行率が低いということである。

おわりに：
安保理による国際立法行為の限界

　安保理決議1540は、いずれかの国家による特定の事態を国際の平和と安全に対する脅威と認定して、その対応のための行動を起こすのではなく、テロリストと大量破壊兵器とが結びつく可能性という一般的な脅威を国際の平和と安全に対する脅威と認定し、その対応策として、すべての国連加盟国に非国家主体に対する大量破壊兵器の不拡散を目的とした国内法整備を義務付けている。そのため、安全保障理事会は、国連加盟国に対する立法的機能を行使したとして議論を招いた。安保理理事国以外の多くの国は、こうした問題は条約交渉を通して扱うべきであると主張し、国連憲章に定められた安保理の権限の大きさに鑑みるとその権限の行使は慎重であるべきとの意見が出された。安保理内でも、決議1540は、既存の関連する軍縮・不拡散条約に代替するものではなく、あくまでテロ対策を目的とした決議であるとの立場を示した理事国もある中で採択されている。

　決議1540は、大量破壊兵器と非国家主体が結びつくことを懸念し、一義的には国家による大量破壊兵器の軍縮・不拡散を目的とする既存の国際条約に対して、非国家主体を対象に加えて補完することが目的の一つである。しかしながら、多くの異なる意見や反対表明が出される中で決議1540が採択された結果として、決議採択後17年を経た2021年の国内履行状況を見ると、大半の国家が、自国が加盟する既存の多国間条約の国内適用をもって決

議 1540 の国内履行に援用していることが明らかとなっている。したがって、既存の国際条約の国内適用を援用する場合には、決議 1540 が目的とした補完的要素は履行されない場合が多いことになる。

　決議 1540 が他の国際条約を補完するうえで、特に重要な要素が「非国家主体に対する不拡散」と「輸出管理措置」である。前者の非国家主体について、決議 1540 主文 2 の履行状況を見ると、テロ対策法を主な法源として、決議 1540 の国内履行としている国が少なからずあることが明らかとなっている。これらの国では、国内履行における「非国家主体」がテロリストに限定される。また、「テロリスト」の定義も国家によってさまざまであり、安保理決議 1373 の管轄内で対テロ委員会が認定したリストに限定される場合もある。また、後者の輸出管理の履行率は低く、既存の輸出管理レジームに参加していない多くの国では、輸出管理体制の構築が進んでいないことが明らかとなっている。

　決議 1540 の履行状況から、安保理の立法的機能によって科された法的義務に対して、国連加盟国の多くはその履行のための特別な努力を行っていないことが見受けられる。安全保障理事会は 15 か国のみが理事国であり、かつ常任理事国 5 か国に過重な権限が与えられている中で、すべての国連加盟国に対する立法的行為を行うことへの反感は大きい。国際条約と異なり、安保理以外の加盟国には内容の交渉に参加する権利もなければ、採択された決議を受け入れない選択を行う権利もない。決議 1540 を国内履行するにあたり、加盟国の中には、大量破壊兵器の不拡散を自国の問題として捉えていない場合も多い。さらに、決議 1540 の採択から 17 年が経ち、国際安全保障環境においても、大量破壊兵器と非国家主体の結びつきは、安保理が継続して国連憲章第 7 章下で取り扱うべき切迫した脅威と捉えられてはいない。この先も決議 1540 の国内履行を継続して促進するためには、非国家主体に対する大量破壊兵器の不拡散を目的とした輸出管理措置が、すべての国家にとって意義があることを示すような何らかの誘因が必要であろう。

注

1 UN Document, S/RES/2663, 30 November 2022.

2 浅田正彦「安保理決議 1540 と国際立法 – 大量破壊兵器テロの新しい脅威をめ
ぐって」『国際問題』第 547 号（2005 年 10 月）他。

3 UN Document, S/RES/1540, 28 April 2004.

4 本文に引用の決議 1540 の和文訳はいずれも外務省訳より引用（外務省、安
保理決議 1540 号仮訳（https://www.mofa.go.jp/mofaj/gaiko/un_cd/gun_un/
pdfs/anpori_1540.pdf, 2023 年 1 月 25 日）

5 浅田、前掲書；市川とみ子「大量破壊兵器の不拡散と国連安保理の役割」『国
際問題』第 570 号（2008 年 4 月）他。

6 The White House, President Bush Addresses United Nations General
Assembly, 23 September 2003, accessed 25 January 2023, https://georgewbush-
whitehouse.archives.gov/news/releases/2003/09/20030923-4.html.

7 市川、前掲書、57 頁。

8 UN Document, S/PV.4950, p.17, 22 April 2004.

9 *Ibid.*, p.17.

10 *Ibid.*, p.17.

11 *Ibid.*, p.8 and p.16.

12 *Ibid.*, p.6.

13 *Ibid.*, p.2.

14 *Ibid.*, p.5.

15 *Ibid.*, p.7.

16 *Ibid.*, p.10.

17 *Ibid.*, p.4.

18 *Ibid.*, p.4

19 *Ibid.*, p.13.

20 *Ibid.*, p.14.

21 UN Document, S/PV.4956, p.3, 28 April 2004.

22 外務省、外務報道官談話「不拡散に関する安保理決議の採択について」（平成
16 年 4 月 29 日）（https://www.mofa.go.jp/mofaj/press/danwa/16/dga_0429.html,
2023 年 1 月 25 日）

23 UN Document, S/AC.44/2004/(02)/49, p.2, 15 November 2004.（仮訳は外務省

ウェブサイト、https://www.mofa.go.jp/mofaj/gaiko/un_cd/gun_un/anpo1540_j_point.html, 2023 年 1 月 25 日）

24　UN Document, S/PV.4950, p.22.

25　*Ibid.*, p.22.

26　*Ibid.*, p.30-34.

27　安保理決議 1540 は、決議の履行状況を確認し安保理に報告することを目的として、安保理の補助機関として 2 年間の期限付きで 1540 委員会を設立した。その後の後継決議 1673（2006）、1810（2008）および 1977（2011）により、1540 委員会の任期および任務が延長・拡大されている。安保理決議 1977（2011）は、1540 委員会の期限を 10 年とし、1540 委員会に対して、5 年後（2016 年）および期限終了前（2021 年 4 月）の 2 回、国内履行状況に関する包括的レビューを実施することを義務付けた。その後、コロナウィルスによる世界的パンデミックの発生により、1540 委員会の任期および包括的レビューの期限が 2022 年 11 月 30 日まで延期されている（決議 2572（2021）および 2622（2022））。なお、決議 1540 では 1540 委員会に対して、安保理への報告に際して、適切であれば専門家の知見に依拠することを規定している。その後 2011 年の決議 1977 において、事務総長に対し 1540 委員会の活動を支える「専門家グループ」の設立を要請し、決議 1540 の国内履行状況を評価する体制として 1540 委員会およびその活動を支える専門家グループの体制を整えた。

28　UN Document, S/AC.44/2022/NOTE.115/Add.5, 29 November 2022.

29　UN 1540 Committee website, https://www.un.org/en/sc/1540/national-implementation/1540-matrices/committee-approved-matrices.shtml, accessed 25 January 2023.

30　たとえば米国のシンクタンク、科学国際安全保障研究所（ISIS）は、2017 年および 2019 年に大量破壊兵器の拡散リスクに関する国別評価を実施し、国家をランキングしているが、その評価基準のひとつとして 1540 委員会作成のマトリクスを使用している（David Albright et. al., *The Peddling Peril Index（PPI）2019/2020, The First Ranking of National Strategic Trade Control System*, Institute for Science and International Security, May 2019, p.6.）。

31　1 か国あたりのマトリクス上には 228 のフィールドがあり、193 か国のマトリクスでは合計 44,004 のフィールドとなる。そのうち 24,841 のフィールドは、何らかの措置が講じられているとして記録されている。他方で、1540 委員会によ

るレビューは、何か国がマトリクスのいくつの項目を埋めているかの計量的分析
であり、各国がどのような管理方法を用いて各義務事項に対処しているかについ
ての分析は行っていない。

32　UN Document, S/AC.44/2022/NOTE.115/Add.5, p.11.

33　*Ibid.*, p.65, Annex VIII.

34　*Ibid.*, pp.66-68, Annex IX-XI.

35　*Ibid.*, pp.66-68, Annex IX-XI.

36　*Ibid.*, p.12.

37　なお、CWC 上は、平和目的での化学物質の輸出入に関する規制事項があり、
部分的に「輸送」が対象となるとの解釈もあるが、決議 1540 の義務対象である
国内外を問わない兵器の「輸送」を禁止対象としてはいない。

38　UN Document, S/AC.44/2022/NOTE.115/Add.5, pp.66-68, Annex IX-XI.

39　1540 Committee website 上の各国マトリクスから筆者が特定。
https://www.un.org/en/sc/1540/national-implementation/1540-matrices/
committee-approved-matrices.shtml

40　UN Document, S/AC.44/2022/NOTE.115/Add.5, p.14.

41　テロリズムに対する資金供与の防止に関する国際条約、1999 年成立、2003 年
発効。

42　UN Document, S/AC.44/2022/NOTE.115/Add.5, p.65, Annex VIII.

43　関連物質とは、「核兵器、化学兵器及び生物兵器並びにそれらの運搬手段の設
計、開発、生産又は使用のために用いることができる物資、設備及び技術であっ
て、関係する多国間条約及び取決めの対象となっているもの又は国内管理表に含
まれているもの」と定義されている。UN Document, S/RES/1540（2004）

44　UN Document, S/AC.44/2022/NOTE.115/Add.5, p.14.

45　*Ibid.*, p.69, Annex XII.

46　*Ibid.*, p.70, Annex XIII.

47　*Ibid.*, p.71, Annex XIV.

48　*Ibid.*, p.16.

49　*Ibid.*, p.16.

50　田中極子「大量破壊兵器の不拡散における安保理決議1540の実効性」
『CISTEC ジャーナル』2020 年 5 月、No.187、p.231.

51　UN Document, S/AC.44/2022/NOTE.115/Add.5, p.17.

52　*Ibid.*, p.17, para73.

53　村山裕三「序章　輸出管理の役割と課題」浅田正彦編『輸出管理―制度と実践』有信堂高文社、2012 年、8 頁。

V

書　評

6 西海洋志著『保護する責任と国際政治思想』

（国際書院、2021 年、376 頁）

望 月 康 恵

　本書は、保護する責任（R2P）概念についての国際政治思想研究である。著者の西海氏は、同概念の変遷に着目し、国際秩序論の展開と国際秩序の再構成について一般的な含意を導き出そうとする。R2P 概念が国際秩序の根本的な再検討を要求する概念であることに着目する本研究は、同概念の展開から国際社会のアーキテクチャが組み換えられるプロセスの解明を試みる。研究の概要と特徴を紹介し、若干のコメントを述べたい。

　本書は、まず国際秩序が変動しているという問題意識の下、その変動がどのような方向に動き、結果として国際秩序がどのように再構成されつつあるのかについて R2P 概念を通して考察する。著者は現実世界の秩序と認識枠組みとしての秩序構想（国際秩序論）の影響関係が双方向に連動している点を指摘し、その上で国際秩序が根本的に変動する可能性を論じる。

　第 1 章では、R2P 概念と国際秩序論を探る分析枠組みと概念セットが提示される。著者は戦略ナラティブ論を参考に、R2P 概念についての議論を望ましい国際秩序をめぐる政治闘争と位置づける。第 2 章から第 4 章は、三つの時期、三つの国連、三つの議論からなる分析枠組を適用し、各時期の R2P 概念の展開を明らかにする。終章では、前章までの分析に基づいて、R2P 概念の議論と実践を通じて多様な主体による早期警報能力の強化という国際秩序の再建が進み、ソフトな制度化が進められていることを提示する。結論として、著者は、R2P 概念の機軸が正戦・介入論からガバナンス論、さらに紛争予防論へと移行したこと、国際秩序論の基盤が国際立憲主義

から国際機能主義に代わるプロセス、さらに機能主義を背景とした早期警報
体制とネットワークの整備と強化が、規律権力としての超国家権力の発展を
含意することを確認する。こうして R2P 概念の発展は国際秩序を再構築す
るが、それは立憲的なものというよりも、むしろ必要性に基づいて様々な主
体が機能的に配置されるアーキテクチャとして発展するものであり、国際秩
序の基礎である既存の主権国家体制さえも変動させる可能性が提示される。
著者はこの研究を国際政治思想研究と国際政治学の間に位置づけ、両研究を
つなぐことにより国際政治学が再構築される可能性を示す。

　本書は国際政治学、政治哲学、政治思想に及ぶ研究であり様々な特徴を有
するが、とくに次の三点を指摘したい。

　第一に、本書の意義として、R2P 概念に着目し国際秩序の動揺や変遷と
の連動を考察する点が挙げられる。従来の研究は、国際政治学における規範
研究の立場から、規範としての R2P の誕生や伝搬、実施に着目するもので
あった。本研究は R2P 概念について多様な理解の仕方に焦点を当て、新た
なアプローチと分析枠組み、概念セットを設定し R2P と国際秩序論との連
動を分析する。これにより R2P 概念の多面性と輻輳性という特徴が明らか
になり、さらには R2P 概念が議論される空間や文脈、主体の変化により概
念の内容などが変動する国際秩序論の方向性、内実の連動について示され
る。また R2P 概念は、国家主権を破棄するものではなく、むしろ国家主権
の理解のあり方を変えるものであるとの指摘は興味深い。著者は実態として
の秩序と認識枠組みとしての秩序認識が相互に影響するものと捉えており、
現実世界の変化が認識枠組みに影響し、認識枠組みが現実世界に影響すると
の立場から国際秩序のダイナミズムを明らかにする。

　第二に、本書の学問的な貢献について指摘したい。著者は、既存の研究に
おいて R2P 概念が一貫したまた固定されたものとして検討されている問題
点を指摘する。本研究は思想的かつ歴史的研究として、R2P 概念が国際秩
序論と連動するという視点に立つが、これにより、より広範かつ長期的な視
点から R2P 概念を探り、概念の内容、議論の中心、関係主体などについて

時期毎に特徴を際立たせている。R2P 概念の通時的な考察は、主権概念の再解釈と超国家的な権力の強化の特定、さらには国際社会のアーキテクチャの捉えなおしといった、国際社会の再検討に寄与する研究として評価されるだろう。

　第三に、本書は国際社会についての新しい視座を提供する。R2P 概念はそもそも従来の国家主権の限界に対応するために生み出された。本研究によれば、国家主権に対する限界は、立憲主義的なものから機能主義的なものと位置づけられ、さらには国家を超えた規律能力の強化につながりうる。ここでの超国家的な規律権力とは、従来議論されてきた主権国家、国際機構、NGO など、各主体の権限の強化ではない。むしろ主体のネットワーク化が進み、また技術の進展に伴い発展してきた監視機能の強化という機能的なつながりとして位置づけられる。この国家を超えた結びつきとそこに内在する規律権力という認識は、既存の国際社会体制を根底から覆しうる。国際秩序と国際秩序論が連動するという立場からは、国際社会についての認識の変化は、今後の国際社会の在り方について新しい視点を示す。

　以上の通り、本書は R2P 概念の考察を通して、国際秩序および国際秩序論の変動を浮き彫りにする歴史的思想的な研究である。本書で提示された分析枠組みや概念セットに基づく考察により R2P 概念の変遷が確認され、さらに同概念に内在する権力作用が明らかにされることにより、国際社会の在り方の変化が示される。この国際秩序（論）の変動を探る研究は、国際政治思想研究と国際政治学を繋ぐ、新たな研究と位置づけられる。

　評者の理解不足による誤解をお許しいただきながら、今後の課題として三点のコメントを指摘したい。

　第一に、研究の射程に関してである。著者は、冷戦の終焉を境に、国際秩序に特徴的な変化すなわち動揺がみられたとの立場をとる。たしかに冷戦後の国際社会の変動とその影響はこれまでも指摘されてはいるが、その一方で、国際社会の変化を所与とする理解や、国際社会の構造が依然として主権国家を中心としているという主張もみられる。本書においては、国際秩序論

の変遷の短期的なダイナミズムの可視化が、研究目的として論じられている
が、冷戦終結を出発点として秩序変動を捉えることの妥当性と、より長期的
な観点に基づく秩序変動の研究における本研究の位置づけについて、一層の
説明が望まれるだろう。また本研究では R2P 概念の展開を追跡し分析し国
際秩序の変動を検証しているが、国際秩序の変動を確認する概念は、どのよ
うに特定されるのか。国際秩序変動はあらゆる概念を通じて検証されるの
か、あるいは R2P のように何らかの特徴を有する概念からのみ確認される
のだろうか。国際秩序の変動を検証可能とする概念の特徴や性質について、
今後の研究が待たれる。

　第二に、分析枠組みに関してである。本書は三つの時期、三つの国連、三
つの系譜を枠組みとして挙げるが、多主体の特定化はどのような基準に基づ
くものなのか。三つの国連においては加盟国、事務局、市民社会と区分がな
されるが、それぞれにおける多様性をどのように説明しまた分析に用いるの
かということである。193 の国連加盟国、国連事務局内の様々な機関と組織
内の職員や専門家、多様な市民社会の存在について、具体的にどの主体に着
目することにより社会変動についての客観的な分析が可能になるのだろう
か。本書では、事務局として事務総長や、事務総長により任命された専門家
による議論が取り上げられていたが、分析対象となる主体の特定とその基準
について説得的な理由がさらに求められるだろう。

　第三に、思想研究と現実社会との関連である。本研究では、言説分析を中
心に、国際社会の変動の一側面として国家主権の相対化、また国際社会の権
力構造の変化が論じられるが、現実社会との関連あるいは相互の影響につい
てどのように説明されるのか。本書で論じられた国際秩序の変動、国際社会
のアーキテクチャの変化、さらには超国家的な権力としての多様な主体の間
のネットワーク構築による権力の創出という議論は、現実の社会状況にいか
なる示唆を与えるのだろうか。認識と実行との関連性が、本書では特徴とさ
れているが、2022 年 2 月に始まったロシアによるウクライナの侵略は、国
際社会における各主体の認識と実行のギャップを露呈した印象さえ与えう

る。現実の状況と本研究との関係性について一層の分析を期待したい。

　本研究を通じて開拓された国際政治思想研究に関しては、今後の発展が期待される。最後に、本書が国連研究においても新たな地平線を提示することを指摘したい。国連研究は学際的な学問領域と位置づけられるが、様々な研究領域間における対話が構築されないとすれば、研究はサイロ化するだろう。既存の学問領域の間隙を埋めようとする新たな研究領域と手法は、国連をめぐる議論の背後にある歴史的、社会的、政治的、法的なダイナミズムとその方向性を解明する学際的な研究の発展の可能性を示唆するものとして高く評価される。

7 樋口真魚著『国際連盟と日本外交—集団安全保障の「再発見」』

（東京大学出版会、2021 年、v + 262 頁）

山 田 哲 也

　本書は、大部ではないが濃密な書物である。検討対象は、満洲事変（1931年 9 月）から日中戦争（1937 年 7 月）にかけての日本が、国際連盟（連盟）をいかに認識して対応したかについてである。と同時に、戦時中の「大東亜」構想や戦後の国際連合（国連）、日米安保体制への示唆も含めた、さらに広い課題にも言及している。

　開国以来、日本が後発帝国主義国として「旧外交」の習得に努め、日清・日露戦争、そして第 1 次世界大戦を通じて大国としての地歩を固めたことは事実である。一方、民族自決原則や戦争違法化、連盟を通じた多国間外交といった「新外交」の習得を不得手とし、それが敗戦の遠因となった。本書は、満洲事変以降の日本が直面せざるを得なかった「新外交」について、外務省内での温度差も考慮しながら、一次資料をふんだんに駆使して、日本の対「連盟体制」外交を立体的かつ鮮明に描き出している。

　序章では、第 1 次世界大戦後の東アジア国際秩序が、ロカルノ体制との対比を通じて俯瞰される。ワシントン諸条約が連盟規約に言及しなかったことで、日本は自らの安全保障と連盟とを結びつける発想に乏しく、連盟も東アジアでの存在感を確立できなかった。1924 年のジュネーヴ平和議定書は陽の目を見なかった一方で、不戦条約が 1928 年に調印される。しかし、日本は満蒙での武力行使は自衛権で正当化されると判断し、戦争違法化の潮流への対応も消極的だったとされる。この時期、すでに動揺をみせていたワシン

トン体制に代わり、連盟は中国への関与を深めていく。そのため、満洲事変に対応したのも連盟だった。連盟は、連盟規約・九カ国条約・不戦条約を一体のものと捉え、次第に普遍的国際機構としての地位を獲得する。それが故に、満洲事変以降の日本は、連盟が日本を侵略国として認定し、制裁の対象とすることを警戒して、連盟脱退を決意するに至った。

　以下、本書では、当時の外務省が外交交渉における国際法の役割をいかに認識しながら実務を処理してきたかという分析視角を設定し、満洲事変（第１章）、満洲国承認（第２章）、エチオピア戦争（第３章）、モントルー会議（第４章）、通商均等問題（第５章）および日中戦争（第６章）を検討する。さらに終章では、一連の対連盟外交がその後の秩序構想や安全保障構想にどのような影響を及ぼしたかに触れながら、本書を結んでいる。以下、筆者の問題関心の所在を、評者の能力の範囲内で可能な限り汲み取り、印象を記すことにしたい。なお、煩瑣を避けるため、引用頁は省略する。

　一般に、日本は満洲事変を契機に連盟脱退を決意し、国際社会から孤立した、と説明される。しかし、連盟への当初の反発の中核は、アメリカを連盟理事会にオブザーバーとして招請することが「手続問題」なのか、それとも「実質問題」なのかという点であった。アメリカは、1932 年１月の錦州爆撃を機に態度を硬化させ、いわゆる「不承認主義（スティムソン・ドクトリン）」を採ることになる。これに対し、イギリスは、自らの中国権益を保全する必要もあって、日本の行動に対して一定の理解を示し、リットン調査団の報告書もかなり宥和的な内容となっている。その結果、日本の外交官、特に「連盟派外交官」は「連盟と並存可能な脱退国」として着地点を見出そうとする。この点は、イギリスや連盟事務局の利害とも一致していた。しかし、最終的には日中戦争勃発と翌年の対日制裁決議採択によって挫折し、日本は「連盟を排除した脱退国」の地位を選択する。それが日本の外交的孤立の核心であり、実は７年という時間をかけたプロセスであったことを本書は丹念に跡付けている。

　またこの７年は、外務省内におけるアジア派外交官や条約局と連盟派外交

官との鍔迫り合いが繰り広げられた時期であって、そこでは事実上の国際法顧問であった立作太郎東京帝国大学教授のさまざまな見解も参照されていた。本書では、当時の日本外交が国際法に基づいた主張を展開しようとしていたことを丁寧に描いている。日本では見逃されがちであるが、外交と国際法は表裏一体である。その背景には、本書でも指摘されるように、19世紀の覇権国であったイギリスの伝統が影響している。もちろん19世紀の国際法（近代国際法）は不平等条約や植民地支配を正当化する論理を内包し、現代では受け入れられない内容を含んでいた。とはいえ、開国以降の日本の課題は近代国際法の受容であり、第一次世界大戦後の条約局設置も「国際法に支えられた外交」の展開の必要性を感じていたからに他ならない。満洲事変以降の日本も、論理構成や最終的な帰結、さらに「大東亜」構想における国際法の位置づけはともかく、一貫して国際法の解釈を重視していたことを本書は鋭く指摘する。

　連盟をいかに活用するか、あるいは、連盟を国際社会の中でどのように位置づけるか、という問題が、時として連盟の枠外で議論されていた点は興味深い。特にモントルー会議を扱った第4章では、日本を含む関係国が自国の利害と普遍的国際機構としての連盟の精神や手続きとをいかに調和させようとしたかが、あえてジュネーヴではなく、モントルーという場所を選択した上で行われた経緯も含めて詳細に論じられている。すべての大国が加盟していたわけではない連盟を、多国間外交の場としてどこまで重視するか、という点は、単なる外交の技術論ではなく、条約作成にあたっての重要な論点であった。連盟加盟を果たしたソ連が多国間外交を重視したため、日本は逆に改訂後のローザンヌ条約における連盟の関与の極小化を目指す。結果的には、日本は、連盟体制からの自立を前提としつつ、連盟自体の存在を容認する路線を選択し、その後の通商均等待遇問題にも対処する。

　しかし、日中戦争勃発に伴う対日制裁決議の採択により、日本は最終的に連盟との並存可能性を放棄した。と同時に、日本自身を含め、各国は連盟規約の下での安全保障概念と伝統的な中立制度の矛盾に直面することとなっ

た。宣戦布告のない日中戦争において、第三国に中立法規の遵守を求めることができるかどうかを巡っては、内外で見解の相違が存在した。連盟における議論を一切拒絶した日本に対し、関係国は九カ国条約第7条の下での国際会議（ブリュッセル会議）開催を模索しつつ、対日制裁には慎重な態度を崩さなかった。ところが日本がブリュッセル会議への参加を拒否したことで、アメリカ代表が会議の席上で対日制裁案を提起した。それはアメリカの公式の立場とはならず、かつ、日本も九カ国条約とは別個にアメリカによる仲介を求めていた。しかし、同条約の当事国であるアメリカは消極的であり、やがて日本はドイツによる仲介を期待するようになる。ブリュッセル会議が不調に終わると、改めて議論の場は、中国の提訴によって連盟理事会に戻り、1938年5月14日には、日本の毒ガス使用を非難する理事会決議の採択に至る。これ以降、日本は連盟を無視する態度を露骨に示す。結局、イギリスも連盟の雰囲気に抗えず、9月30日には規約第16条に基づく対日制裁決議の採択に至る。ただし、制裁の実施の判断は各国に委ね、集団的あるいは義務的制裁の途は閉ざされていた。制裁決議採択を受けて外務省は連盟との協力関係を全面的に終了させようとしたが、これに対して枢密院が、連盟脱退に際して渙発された詔書の趣旨に反すると反対した。とはいえ、連盟創設あるいは脱退以来の日本の対連盟外交には終止符が打たれた。

　近年、内外を問わず、連盟を題材とした良質な研究が着実に増加している。その背景には、連盟の設立から1世紀が経過したということもあろうし、連盟時代の史料が利用可能になったということも影響していると思われる。本書がその一つの成果であることに疑いはない。また、本書が、満洲事変以降の日本外交、しかも日本の対連盟外交に着目したという意味で近代日本政治外交史においても貴重な貢献であろう。かつて、「連盟は失敗したのだから、研究する価値はない」という発言に触れたことがある。本当に価値はないのか。連盟の失敗の一端は日本にあり、日本がどのように連盟を失敗に追いやったかを解明することは、日本の学界にとって責務のはずである。本書が日本政治外交史の視点から、連盟体制崩壊の過程を緻密にあぶりだし

たことは高く評価されてよい。

　本書は日本の連盟外交をテーマとすると同時に、その基盤にあるのは二国間外交であることを再認識させられる。連盟や国連は、それ自身が主体として行動することもあるが、一義的には加盟国間の会議の場であり、二国間関係の積み重ねから遊離した会議外交が別個に存在するわけではない。著者の意図はともかく、本書には国際機構研究の方法論について重要な問題提起が含意されている。

　以下、望蜀ではあるが、2点を記したい。まず、本書の副題にもある「集団安全保障」という表現である。この語が登場する時期には諸説あるが、連盟規約第11条1項などを基礎とし、九カ国条約・不戦条約も含めた総体を集団安全保障体制と呼ぶことには若干の躊躇がある。本書も言及する1921年の「経済的武器に関する総会決議」を踏まえれば、連盟規約を通じた制裁は加盟国の個別の判断に委ねられており、複数国が同一の対象国に同時に制裁を発動することを「集団的」措置と呼べるかという問題が依然として残るからである。当時の外務省も「連盟規約に依る制裁」と「連盟の制裁」を区別していたとされる以上、何か別の表現もあり得たのではなかろうか。また、当時の外務省が立作太郎の見解を重視していたことは明らかだが、少なくとも満洲事変を巡っては、当時、常設国際司法裁判所所長であった安達峰一郎の見解にもさらなる言及があって然るべきではなかったかと思われる。

　とはいえ、本書が日本の国際的孤立に至る過程を、国際法の実務上の役割という視点から緻密に分析した労作であることに疑いはない。国連を通じた集団安全保障が瀕死の状態にある現在、連盟崩壊の過程を日本の視点から分析した本書は、現在の日本の「国連研究」に新たな視点を提供する大きな意義があると確信する。

8 大道寺隆也著『国際機構間関係論 ―欧州人権保障の制度力学』

（信山社、2020 年、xi + 222 頁）

滝 澤 美 佐 子

　20 世紀から 1 世紀の間に国際機構は累積し、国連と専門機関の関係や地域機構と国連の関係など国際機構間関係は国際機構研究の一領域を成してきた。欧州においては、欧州連合（EU）、欧州審議会（CoE）などの数々の国際機構を擁し、裁判機関など国際機構の形態も多様である。その裁判機関も、欧州人権裁判所（ECtHR）、EU 司法裁判所（CJEU）と複数存在する。EU 法と国際法、人権分野では欧州人権条約（ECHR）や欧州基本権憲章と欧州は複数の法秩序の下にあり、国連諸機関も各々が関係する規範秩序を伴いながら欧州に関わる中で、相互の影響が不可避となってきた。本書は欧州の人権保障に関わる近時の複数事例において生じた国際機構間の「相互作用」に着目し、その中に「国際機構異議申立」概念によって抽出される事象を見出し、国際機構が制度的な変更や影響を受ける過程を析出したものである。以下、本書の概要を記し、国際機構論研究に対して得られる示唆を述べる。

　著者は《国家中心的国際機構観》とその超克と題する序論で、国際機構論の理論に優位な国家中心的国際機構観により、研究が「国家間関係や、加盟国・機構間関係」に偏りがちで、欠落しがちな国際機構間関係の研究の必要を説く。本書は、国際機構論の萌芽的小領域としての「国際機構間関係論（Inter-organizational relations: IOR）」の構築と発展に寄与するため、事例として「欧州の人権保障をめぐる制度力学を、国際機構間相互作用すなわち

『国際機構間関係』の観点」から分析する。国際機構が「行為者として国際的諸過程に関わっている」ことに視覚を向けるのである。さらにグローバル立憲主義の中に本研究を位置づけ、国連安保理や EU という一部の機構の権力性への他の機構からの「統御」の側面を見出そうとする。設定する「問い」は「国際制度の形成及び実施において国際機構の相互作用はいかなる役割を果たすか」であり、国際機構が他の機構に作用する面と作用を受ける面についての小問も掲げる。

　第 1 章の国際機構間関係をめぐる諸理論と「異議申立」では、本書の鍵となる分析概念である「国際機構間異議申立 (inter-organizational contestation)」が登場する。国際機構間異議申立概念は、IOR（レジーム複合論や規範の階層性についての国際法学が含まれる研究群）に根差すものの、依拠するのは IOR の中の「国際機構間関係アプローチ」と特別に呼ぶ研究群（EU 対外政策研究と競合 / 協力研究）であり、異議申立デモクラシー論と規範異議申立理論に着想を得ている。国際機構間異議申立概念は、機構間相互作用の一形態として示され、IOR 研究で見落とされてきた事象を掬い上げる意義がある。機構間相互作用、殊に異議申立の要素を析出する方法はテキストの内容分析である。テキストとは国際機構の発出する報告書、作業文書などの諸文書や裁判判決、法令であり、それらに依拠して 3 つの徴表（「言及」、「批判」、「間接審査」）をもとに機構間異議申立の存在と作用を推定する。この手法で第 2 章から第 4 章の具体事例で機構間相互作用、異議申立を読み解く。

　第 2 章の犯罪引渡しの事例分析では、欧州逮捕令状の枠組を支える相互信頼原則の実行について同原則の概念の解釈が動揺し変転する過程に国際機構間異議申立が働いたことを導く。犯罪人引渡を行う前提として機能していた相互信頼原則の意味は、欧州逮捕令状発行国において非人道的な又は品位を傷つける取扱いのような著しい基本権の侵害の危険の排除できない場合には令状執行国が引渡拒否を義務付けられるというように、無条件の推定から基本権状況の情報入手をふまえる実行に相互信頼の意味が変化した。相互信頼

原則は、ドイツ連邦憲法裁判所 R 事件判決、さらに CJEU のアランヨシ・カルダラル事件先決裁定において顕著に変化をみたが、その変化を導く前提となったのが EU 加盟国・CoE 加盟国の複数国に拘禁施設の過密状態があることを明らかにした CoE の下の委員会の報告書や、拘禁施設の過密を ECHR 違反として認定した判決内容であった。国際機構間異議申立概念からはそれらの報告書や判決が、EU への「批判」と解釈ができ、CJEU の判決での相互信頼原則の意味の変化に影響を与えたと分析する。

　第 3 章では、欧州共通庇護体制（CEAS）の柱であるダブリン体制の実施と制度形成に機構間相互作用がもたらした影響が描かれる。ダブリン体制は EU 域内の庇護希望者の庇護申請責任国を一カ国に決め、庇護希望者の送還を可能とする体制であるが、そのダブリン体制で遵守が前提とされていた難民条約第 33 条のノン・ルフールマン原則がダブリン体制の実施の過程で同原則の侵害とみなされる事態が生じた。国連難民高等弁務官事務所（UNHCR）は数次にわたり勧告を伴う報告書を提出してダブリン体制につき「批判」した。ダブリン体制の運用を人権問題として重く見た CoE の人権委員会の委員が UNHCR の「批判」を引用し、EU 庇護制度の重要判例である ECtHR の M.S.S. 事件、CJEU の N.S. 事件に UNHCR や CoE の第三者介入が影響を与えた。UNHCR の批判は欧州委員会に影響を与えるものの、欧州理事会が第二次ダブリン規則に反映させるには至らなかった。他方、UNHCR の報告書、書簡などが上記判例の中で反復して言及される中で、「法的重み」を得、第三次ダブリン規則の文言の起草には影響を与えたことを示した。

　第 4 章の国際テロリズム対策をめぐる EU-CoE-UN 関係―標的制裁体制への適正手続過程の分析では、国際テロリズム容疑者への標的制裁について、EU と CoE と国連安保理の機構間相互作用から、国連安保理が影響を受け適正手続が導入されていく過程を分析している。標的制裁の制裁リストに掲載された個人が出訴した第一次カーディ事件で、CJEU が国連レベルでの権利保障水準の問題を指摘し、EU 域内での標的制裁を実施する規則の無効を

宣言したことが機構間異議申立の「間接審査」として決定的影響をもった。
ＥＵは欧州議会によりＣｏＥはＣｏＥ議員総会によりそれぞれＥＵ基本権憲章
と欧州人権条約の中核的規範の侵犯だとして国連安保理に対して「批判」を
行う。それに対し、国連安保理は、ＥＵやＣｏＥの批判を「正当な要求」と
受け止め標的制裁体制にフォーカル・ポイント導入、オンブズパーソン事務
局設置と権限強化により適正手続を導入し制裁リストに掲載された個人の権
利保障を改善させた。その際に「制裁体制の実効性を低下させる要因とな
る」として安保理は基本権侵犯への批判を実効性の問題に読み替えたことも
明らかにする。

　結論では、第１章が設定した「問い」に対し３事例研究が詳らかにした答
えとして「ある時点で形成された国際制度が、実施に際して、他機構にとっ
ての中核的規範を侵犯するような事態を生じた場合、その機構はその制度を
司る国際機構に対し、異議申立を行う場合がある。かかる異議申立は、それ
を向けられる機構にとっての課題（agenda）となり、同機構にとって受容
可能（acceptable）な範囲で国際制度に反映される。」（187-188頁）とする。
結論では次に、本書の「問い」の背景となるグローバル立憲主義が問題とす
る国際的権力統制について、機構間異議申立が法主体、行為者、引照される
法の３レベルで多元的な形で国際機構が他の機構を統制する、多元的な立憲
的統制を可能にしているとする。加えて本書が扱った欧州逮捕状、ダブリン
規則、テロ対策の事例はいずれも人権規範を立憲的価値として国際機構が他
の機構に立憲的統制を行っていることから国際機構間の立憲的統制は「個人
の権利保障を梃子とした、国際機構による他の国際機構への立憲的統制を可
能ならしめる」とし、この議論全体を「多元的立憲化」と概念化する。多元
的立憲化としてまとめあげた議論は、最後にグローバル・デモクラシー論に
接続される。

　本書は、「国際機構論の萌芽的小領域としてのＩＯＲの構築と発展に寄与す
る」（第１章第１節）としているが、それはＩＯＲの研究群に公法学的な思考
による国際機構間関係アプローチを導入し規範動態にかかわる国際過程の分

析という学術的貢献を成したと言い換えられる。国際司法機関（CJEU や ECtHR）を国際機構間相互作用の視野に含め、立脚する公法学的理論としてグローバル立憲主義の系譜を選択し、そこで構築したのが国際機構間異議申立概念なのである。同概念を用いて内容分析を行った事例研究はいずれも、EU や国連安保理への国際機構間異議申立による権利保障の国際過程とその帰結を浮かび上がらせる。その中で国際機構の報告書や書簡などが国際司法機関において果たす情報としての重みも興味を引いた。一連のカーディ事件は、国連憲章 103 条の憲章優先義務によっても安保理の標的制裁体制の CJEU や ECtHR による間接審査を排除できないとした。本研究は異議申立形態とそれをとらえ「国際機構や制度の合法性や正当性が国家合意の有無のみならず、現実に生じている事態の是非からも判断されている」（197 頁）との説明は説得的である。異議申立を受けた安保理の適正手続導入により個人・団体の制裁リスト削除が実現したという後の実行をみると個人の権利保障の進捗の跛行状態は避けられなくとも異議申立により制度変化が欧州を超えて成立した意義と成果を過小評価はできない。

　本書の国際機構論は、国際機構の理論研究に正面から取り組む力作でもある。著者は国際機構論、国際法、国際機構法、EU 法、組織社会学、国際政治学、国際関係論のまたはその学際的組み合わせによる多岐にわたる国際機構研究に関わる理論を視野におさめ、国際機構の行為者性の視座を持つ IOR 研究群に着目しさらに重層的に吟味を重ねて機構間異議申立概念の構築を試みる。事例分析においても欧州現代史や欧州統合史研究といった歴史学に本書の知見を取り込もうとする。国家中心的国際機構観を批判はするものの、国家の役割を機構間相互作用の分析から排除した研究ではない。欧州の人権保障に特化した本研究はその知見を普遍的枠組として提示しておらず、将来の研究が待たれるが、本書は IOR への学術的寄与があり、国際機構論の理論構築と実証研究の方法論にも貴重な一石を投じている。

　国際機構を加盟国から独立した意思を有する自律的かつ「内発的変化」を伴う行為者としてとらえる視覚は本書の要の一つである。本書では、EU や

CoE、国連といった政府間国際機構の要素である国連諸機関（国連の安保理や自律的補助機関である UNHCR）、CoE の下の委員会の報告書や専門家委員と他機構の要素との相互作用が分析される。それは必須の分析要素であることに疑問はない。しかし、IOR と機構間異議申立において、行為者としての「国際機構」を分析する際の単位はどの範囲の要素までが含まれうるのだろうか。

　国際社会における国際機構の存在論的な視座として最後に国際機構を「グローバルな異議申立デモクラシーの制度的回路」としている点は興味深かった。国際機構と個人の間には通常媒介するものがない。国際機構の「権力性」に個人がさらされるとき、それを回避または制御し制度変化につなげうる経路は他の国際機構が媒介することができるという「素描」である。本書は、緻密な理論と実証研究で国際機構論を深化させながら、国際機構の重畳性という状況を、歴史上、我々がその渦中の中で生きている国際社会の中にあっていかに意味づけて認識するべきかを問いかけてくる一冊にもなっている。

9 Tatiana Carayannis and Thomas G. Weiss, *The Third UN: How a Knowledge Ecology Helps the UN Think*

（Oxford University Press, 2021, xx+224pp）

小 林 綾 子

　国際連合（国連）には多様なイメージがある。アメリカ、ロシア、中国、イギリス、フランスの常任理事国 5 か国が幅を利かせる国連安全保障理事会（安保理）、全加盟国 193 か国が集まる国連総会、世界の人災や天災に声をあげる事務総長、現場で汗を流す国連平和活動部隊、あるいは国連ブルーのＴシャツを着て食料配布や教育に取り組む国際公務員の姿を想像するかもしれない。国連といえば、伝統的には、安保理や総会が典型であるように、加盟国政府代表が集まる外交の場としての「第一の国連」、国際公務員が働く場としての「第二の国連」があると整理されてきた。『第三の国連』と題する本書は、従来は国連のアクターとして認められてこなかったものの、国連の政策や実践に重要な貢献をしている非国家主体の重要性に着目する。本書は、国家中心観では捉えきれないグローバル・ガバナンスを理解するための視座を提供する。

　「第三の国連」と称されるグループには、非政府組織（NGO）、委員会やパネル、研究者・専門家やシンクタンク、さらには営利団体やメディアが含まれる。NGO が国連諸機関と協働で問題解決にあたっていることはよく知られている。国連憲章第 71 条でも、経済社会理事会が NGO と協議するための措置をとることが明記されているように、国連憲章起草時に、NGO は

すでに重要なアクターとして認められていた。NGO に加え、委員会に参加する研究者が報告書をまとめることもあれば、シンクタンクが影響力のある分析を示すこともある。これらが「第三の国連」と整理される。とはいえ、非国家主体であれば何でも「第三の国連」に分類できるわけではない。本書の副題にあるように、著者らは、国連が「考える」ことを助けるアクターを指すという限定を加える。武装集団や犯罪集団といった非国家主体まで「第三の国連」に含めるわけではない。つまり、武器や暴力ではなく、アイデアで国連に影響力を及ぼすアクターに目を向けるのである。

　どのアクターが「第三の国連」で、どのアクターはそうでないのかの線引きは難しい。著者ら自身、線引きを変更している。著者らが初めて「第三の国連」を提唱したのは、2009 年に発行された学術雑誌 *Global Governance* の掲載論文であった。その際、「第三の国連」に NGO や研究者・専門家は入るが、営利団体とメディアは含まれないと明確に述べていた。ところが、ウィース（Thomas G. Weiss）らが書いた国連研究・国際機構論の教科書『国連と変わりゆく世界政治』（*The United Nations and Changing World Politics* [Eighth Edition], Routledge, 2020）や、2021 年出版の本書では、営利団体とメディアは、「第三の国連」に含まれている。2009 年の論文がこれらを「第三の国連」から除外した理由は、営利団体はあくまで自らの利益追求が根底にあり、国際公益追求とは相いれず、また、ジャーナリストやコラムニストを除くメディアは、伝えることが主眼で政策を変えることには貢献しないからと説明されていた。当時は国連の思考を助けるアクターではないと判断されたのである。しかし、グローバル化やデジタル技術の急速な発展に伴い、営利団体もメディアも国連との関係性を変化させてきた。企業は、社会的責任、国連グローバル・コンパクト、ESG 投資、ビジネスと人権など、営利を追求しながら同時に環境・社会・政治に配慮することが求められてきた。国連事務総長はじめ、国連幹部や国連諸機関が Twitter その他のソーシャル・メディアで発信することで、活発な議論を促進することがある。こうした意味で、営利団体やメディアも「第三の国連」に含めるべき存

在になったといえる。

「第三の国連」というアクターの整理は有効かもしれないが、だから何なのか（so what?）という疑問に社会科学では応じなければならないとして、著者らは、アイデアや規範が違いをもたらす4つの方法を列挙する（p.6）。

1 問題の捉え方を変える。
2 行動のためのアジェンダを設定し、国家・非国家主体の利益や目的を再定義する。
3 行動を起こすために複数の集団の連合体を動員する。
4 機構に埋め込まれたものとなる。

では、具体的にどのようなアクターが、どのような国際課題に、どのような方法で取り組んできたのだろうか。本書は、「はじめに」の後、第二章で「NGO——国連政策開発のための主権から自由なパートナー」、第三章で「委員会とパネル——傑出した個人がいかに国連の思考を形成するのか」、第四章で「国連の知識活動——研究者、シンクタンク、知識ブローカー」、第五章で「オルタナティブな声——規範的戦後秩序の挑戦」、終章である第六章では「より目的に適うには？——国連の規範的未来」と題して議論を展開する。

各章では、国連の三つの柱とも整理される3つの主要分野である「平和と安全」、「人権」、および「開発」のバランスを配慮した事例が盛り込まれている。例えば、第二章のNGOでは、平和と安全分野の代表事例として地雷禁止国際キャンペーン（ICBL）、人権分野の代表として国際刑事裁判所設置に寄与した国際刑事裁判所のための連合（CICC）、こうしたまとまりはないが、開発分野では持続可能な開発目標（SDGs）設定に向けてNGOが果たした役割が整理されている。ICBLもCICCも、国境を超えて複数のNGOが連帯して国連や国際社会を動かそうとしたキャンペーンあるいは連合である。ICBLの精力的な活動によって対人地雷禁止条約が締結され、その結果、

ICBL は 1997 年にノーベル平和賞を受賞した。ICBL の活動が、NGO の連合体である核兵器廃絶国際キャンペーン（ICAN）の活動のきっかけとなった。ICAN の尽力により 2017 年に核兵器禁止条約が締結された。その功績を称えられ、ICAN は同年ノーベル平和賞を受賞した。ICBL も ICAN も、主権、軍事力や経済力のようなパワーでなくアイデアが世界を変えることを示してきた。戦争のためには必要だと開発され、撲滅することは困難であると捉えられてきた対人地雷や核兵器について、不必要な苦痛を長期間あるいは将来世代にわたって与え続けることは容認できないという声を束ね、国際条約にまで至らしめた。コフィ・アナン（Kofi Annan）元事務総長は、ICBL や CICC は、第二の国連である自分たちが言えないことを言うことができ、そのおかげで第二の国連が追いつけると述べた（p.61）。こうした非国家主体は、グローバルとローカルをつなぐ役割を担うこともある。なぜなら、非国家主体は、加盟国を構成する人びととの直接のつながりを持っていたり、彼らの近くで得た知識や経験を有する場合があるからである（p.45）。

　著者らは、国連に関する学術的議論がなされる分野は、国際関係論（International Relations）、国際法（International Law）、国際機構論（International Organization）、国際政治経済（International Political Economy）であるが、ラテン語で生まれを意味する natio を用いた考えは古いとする。なぜなら、「国境を越えた人、情報、資本、アイデア、技術の動きを無視している」（p.3）からである。領域に縛られない非国家主体が、グローバル・ガバナンスにおける重要課題の克服において、ますます大きな役割を果たすようになっている。伝統的な国連の文脈では脇役であり続けてきたが、しかし国連の発展に寄与している非国家主体を、いかに国家中心的な国際関係の議論の俎上にのせられるか。「第三の国連」は、こうした課題を前に、国連という枠を広げ、国家や主権に依拠したアクターと、国境に縛られない非国家主体が積極的に関与して構築する世界を見る視座を提供する。

　本書の終章である「より目的に適うには？（Fitter For Purpose?）」は、新型コロナウイルスの世界的流行に見舞われ、国連の機能不全や信頼の低下

が指摘される中、「今日のグローバル・ガバナンスを再イメージしたり、再デザインする思考は、間違いなく第三の国連からやってくる」（p.140）と主張する。各国が国境の壁を厚くし、非難合戦を繰り広げる傍らで、科学者たちは共通の見えない敵と戦っているからである。激変する世界における国連にとっては、現体制ではまだ不十分である。著者らは、「より目的に適う」ための創造的思考において「第三の国連」に期待する。

　著者らの長年にわたる国連研究、グローバル・ガバナンス研究の蓄積に基づき、情報量の多い議論が展開される本書であるが、課題を2点指摘したい。第一に、ジェームズ・ローズノウ（James N. Rosenau）のグローバル・ガバナンス研究や、国際関係論の最先端である多層複合型世界研究（アミタフ・アチャリア、芦澤久仁子訳『アメリカ世界秩序の終焉：マルチプレックス世界のはじまり』ミネルヴァ書房、2022年）で、国連の場を離れて非国家主体が連帯するような動きが活発化していることが指摘されてきた。「第三の国連」は国連との関与を選んだ非国家主体を扱うが、「第三の国連」に分類されるアクターが、国連との協力を選ばない可能性があることをどう考えるか。例えば、若者たちの気候正義運動は国連と目的を共有するはずだが、若者らは国連だけを頼りにしているわけではない。対立的にも協力的にもなり得るこうした存在と、国連はどのような関係を構築していくのだろうか。

　第二に、世界情勢の変化に伴って、これまでは「第三の国連」に含まれてきたアクターが、もはや貢献者たりえないと判断されることもあるのだろうか。既述の営利団体とメディアのように、これまでは「どのアクターをさらに含められるか」が問われてきた。今後は、膨れ上がった「第三の国連」のメンバーシップを再考する議論が展開される可能性もある。

　「第三の国連」は、シンプルでありながらも見過ごされてきたアクターをうまく取り込める概念であり、『国連研究』でも複数の論文で活用されている。第一の国連と第二の国連に加えて、「第三の国連」を考察することは、今日の国連研究、グローバル・ガバナンス研究や多層複合型世界を理解する

国際関係論の研究としても重要である。

10　今西靖治著『PKOのオールジャパン・アプローチ──憲法9条の下での効果的な取組』

（信山社、2022年、viii + 146頁）

川 口 智 恵

　冷戦終結後、「国際の平和と安全」を維持する主要な取り組みとなった国連の平和維持活動（PKO）に対し、日本はどのように貢献すればよいか。この課題に応えるべく「国際連合平和維持活動等に対する協力に関する法律」（以下、PKO法）が1992年に制定され、2022年で30周年を迎えた。本書は、PKO法と同様に30年近く外務省の現役外交官として勤務する著者が、PKO法にかかわる外務省総合外交政策局国際平和協力室長としての実務経験を踏まえて、日本の国際平和協力の法的側面および政策実践を、自衛隊のPKO派遣を中心に考察した学術書である。または、大阪大学国際公共政策研究科に提出された博士論文を基にしており、一部は『国際安全保障』第43巻第2号（2015年）の「国際平和協力におけるオールジャパン・アプローチPKOにおける自衛隊の役割とODAとの連携」や『国際法研究』第4号（2016年）の「岐路に立つ国連PKO──強制性をめぐる実行と課題」として掲載されたものである。一連の成果は、日本の国連外交、国際平和協力領域のみならず、実務家がその政策知を学術研究としてまとめ、学術界ならびに政策の現場にフィードバックする政策サイクルを体現するものである。したがって、本書は、政策研究に対する重要な貢献をなす書籍として高い評価に値する。

　冷戦終結後、様々なグローバル・イシューが顕在化するとともに、安全保障領域とのリンケージが深まってきた。各イシューにおける関係アクターの

相互作用は複雑化し、問題は重層性を増している。その結果、「国際の平和と安全」という政策領域は極めて重要であるにもかかわらず、政策的努力が見えにくく、政策評価が難しい領域となっている。したがって、日本が「国際の平和と安全」に貢献する時、その貢献が国内外から評価を得るためには、不断の政治的・政策的努力が必要である。こうした現状認識にもとづけば、本書の主たる主張は、国連PKOへの自衛隊派遣が、国論を二分する時代、人的貢献に満足する時代を超えて、単なる人的貢献以上の成果と評価をもって展開していることに対する正当な評価を求めるものではないかと評者は考える。このように考えると、学問的にも個別に議論され、一見結びつけにくいように思われる「憲法9条の制約」と「オールジャパン・アプローチ」を、本書が個別にではなく後者が前者を補完するもの「日本のPKO協力は、オールジャパン・アプローチによって、憲法9条を維持しつつ、活動の効果を最大化している」と主張する意義が見えてくる。

　この仮説を検証していくために、本書は2つの分析対象を2部に分けて考察する。第I部「日本の国際平和協力と憲法9条」において分析対象とされるのは、PKO法の法制面の「制約」である。PKO法は、国連PKOに対する日本の積極的貢献の象徴として自衛隊の派遣を可能としたが、憲法9条にもとづく5原則を内包する。日本がPKO法を通じて変動する国際安全保障環境の要請に応えるには、著者が表現するところの「ガラス細工のような法制面の工夫」が必要とされており、近年の政治的・政策的努力が整理検討される。

　まず第I部第1章は、近年の国内紛争への対応を中心とした国連PKOは、一般市民に危害を加える受け入れ当事国以外の武装勢力への憲章適合的な武器使用（文民保護）や例外的な事例としてのコンゴ民主共和国介入旅団のように烈度の高い武器使用（攻撃活動）を実施するものを含むようになっていることが示される。これらを含め国連PKOは、当事国の受け入れを前提として派遣・任務規定されており、部分的強制性を許容しながらも全体としての非強制性を維持していることを指摘している。

　その上で第 2 章は、第 1 章で示された部分的強制性を含む国連 PKO と
PKO 法 5 原則との乖離が次の 2 点において示される。①任務を遂行するた
めの武器使用を認めるか否か、②受け入れ同意を必要とする紛争当事者の認
定である。①②の乖離を一部解消する政治的努力として 2014 年 7 月に集団
的自衛権の限定的な行使容認を可能とする憲法解釈の一部変更が閣議決定に
よって行われた。さらに PKO 法改正があったことが整理されている。こう
した努力が国際標準との乖離を一定程度解消したものの、残された問題とし
て本書が指摘するのは、第 1 章で示されたように当事国の受け入れ同意を前
提とする国連 PKO は全体としての非強制性を持つにもかかわらず、引き続
き国連 PKO への自衛隊参加が憲法 9 条の禁止する武力行使に該当する場合
がありうるとの憲法解釈が維持されたことである。

　この指摘に基づき、第 3 章は、領域内の実効統治が不安定な脆弱国家に展
開する場合に生じる問題を南スーダンに展開する国連 PKO への自衛隊派遣
例を通じて検討されている。2016 年 11 月に PKO 派遣自衛隊部隊に付与さ
れた駆け付け警護任務の「基本的考え方」では、憲法 9 条で放棄された武力
行使は、国家または国家に準ずる組織の間に生じる国際的な武力紛争とされ
ていることから、南スーダンで生じた散発的な武力衝突において政府と対峙
した主体が「国家に準ずる組織」に該当しないことを主体の統治実態など一
定の要素に当てはめ判断している。これに対して本書は、こうした判断方法
は、結果的に 2015 年 PKO 法改正によって実現した安全確保や駆け付け警
護のハードルを上げるものとして、その適切性について懸念を示している。
つまり、憲法 9 条違反になる可能性を残す現状解釈は、自衛隊の PKO 派遣
という政策効果を最大化することの「制約」であると結論する。このように
第 I 部は、国連、日本、派遣受け入れ国と視点を移動させながら、日本の
PKO 派遣の法的制約の具体的な課題を浮き彫りしている。

　第 II 部では、「オールジャパン・アプローチ」と呼ばれる PKO 法にもと
づく自衛隊の国連 PKO 派遣を契機として政府開発援助（ODA）と協力し行
われる国造り支援が分析対象となる。「オールジャパン・アプローチ」は憲

法 9 条による「制約」を補うもの、つまり「オールジャパン・アプローチによって、憲法 9 条を維持しつつ、活動の効果を最大化」することが検証される。オールジャパン・アプローチとは、日本の多様なアクターによる連携を指すが、特に政府による国際平和協力の文脈では、内閣府 PKO 事務局、外務省、防衛省自衛隊、国際協力機構（JICA）および日本の NGO による現場や東京本部での連携・協働による支援活動を指す。

　第 4 章では、オールジャパン・アプローチの進展が日本政府の政策文書とともに整理されると同時に、自衛隊と協力することへの文民組織側の自制、制限的予算とその効果的活用、そして世論といった課題が浮き彫りにされる。続く第 5 章では、オールジャパン・アプローチに参加する外交、防衛、開発アクターの動機の分析と二国間およびグローバルな外交の視点からみた意義と課題が示される。最後に第 6 章では、PKO 法を通じていないものの、自衛隊と外務省の緊密な連携による国連 PKO 協力としてアフリカにおける早期展開支援プロジェクト ARDEC（African Rapid Development of Engineering Capabilities）をオールジャパン・アプローチの新しい形として取り上げている。ARDEC の新しさとは、国連 PKO 派遣前に国連本部を通じて要員派遣国に直接支援を行う点である。加えて興味深いのは、施設部隊が使用する重機を製造する日本企業を巻き込む協力の将来的可能性にも言及がある点である。B4P（Business for Peace）の観点から注目すべき点である。

　第 II 部は、自衛隊の PKO 派遣を契機に、憲法 9 条の制約のない分野で日本アクターを巻き込み、受け入れ国の国造りの支援をすると同時に自衛隊の PKO 派遣への国内外の評価を高めるだけではなく、国連 PKO 全体のよりよい派遣体制づくりにも貢献する日本の国際平和協力の進化を示している。

　以上、本書は「国際の平和と安全」に寄与するための国際平和協力の制約と進化に関する日本の政治的・政策的努力のプロセスと結果を記録し、政策的課題を明確に提示している点で意義がある。一方で本書には「オールジャパン・アプローチによって、憲法 9 条を維持しつつ、活動の効果を最大化し

ている」という主張を、精緻化された分析枠組みによって実証的に検討するという学問的アプローチが不足している点に課題を残す。しかし、最初に言及したように、国連 PKO 活動や平和構築といった分野横断的で複雑な活動の政策評価や精密な実証分析を加えることは容易ではなく、「憲法 9 条の制約」とそれを乗り越えるための「オールジャパン・アプローチ」の接続といった大きな貢献の上に、過大な要求かもしれない。本書が「オールジャパン・アプローチ」として分析した活動は、人道・開発・平和（Humanitarian, Development and Peace Nexus）として開発協力の分野における課題ともなっている。本書は、こうした PKO を含む脆弱国家への援助にかかる研究が政策的手法と成果の実証研究にも貢献するものであり、日本の国際平和協力政策を支える政策知の礎となることであろう。

VI

日本国際連合学会から

1　国連システム学術評議会（ACUNS）2022年度年次研究会に参加して

竹　内　舞　子

　国連システム学術評議会（ACUNS）の第35回年次研究大会が、2022年6月23日から25日までスイスのジュネーブで開催された。今回はACUNSとしては初の試みとなる対面とオンラインを併用するハイブリッド方式で実施され、国連ジュネーブ事務局（United Nations Office at Geneva, UNOG）とジュネーブ国際開発大学院（UN Geneva and the Graduate Institute of International and Development Studies）との共同開催で行われた。1日目のハイレベル総会は国連ジュネーブ事務局で、2日目、3日目のセッションはジュネーブ国際開発大学院でそれぞれ行われるとともに、オンラインからも参加することができたことで、本大会には103ヶ国から700名を超える参加登録がなされた。

　主催者より事前に対面か、オンラインでの参加かについて照会があり、東アジア地域のオンライン発表者が含まれるセッションはスイス時間（CEST）で午前8時台からの時間帯に優先的に割り振るなど、時差を考慮してオンライン参加者の利便を確保するよう調整が行われていた。会場でのプログラムの配布はなく、参加者や発表に関する情報はオンライン上で掲示された。

　2022年に入り、スイスを含め欧州各国では新型コロナウイルス感染拡大防止措置が緩和された。本大会の現地会場においても、対面での大会開催というだけでなく、大人数の参加者が一つの会場に集まっての全体総会や飲食物を供してのレセプションが開催された。2日目、3日目のコーヒーブレイ

クでも意見交換やネットワーキングが活発に行われていた。

　今年度のテーマは「深刻化する国際的課題に対する根拠に基づく解決策
(Evidence-Based Solutions for Intensifying Global Challenge)」であり、3
日間で 94 のセッションが開催された。第 1 日目は夕刻より総会が行われ、
タチアナ・バロバヤ (Tatiana Valovaya) 国連ジュネーブ事務局長による基
調講演に続き、「危機に直面する世界：深刻化する国際的課題に対する根拠
に基づく解決策 (A World in Crisis: Evidence-based solutions for intensifying
global challenges)」と題した討論が、世界保健機関 (World Health
Organization) のスワミナサン (Soumya Swaminathan) チーフサイエン
ティストと国際移民機関 (International Organization for Migration) のボ
リエ (Eva Akerman Borje) ポリシーリサーチディレクターを迎えて行わ
れた。この討論では気候変動やパンデミックなど世界規模の課題に対する国
際機関や専門家の役割について議論がなされた。パンデミック後初となる全
体会議が歴史ある Palais des Nations で行われたことは大変感慨深く、総会
中多くの参加者がその点に触れていた。

　ジョン・ホルムス記念講演 (John W. Holmes Memorial Lecture) はグラ
ンデ (Lise Grande) United States Institute of Peace (USIP) プレジデント
により行われた。グランデ氏は 25 年にわたり国連において紛争予防・緩
和・解決にかかわってきたこの分野のパイオニアの一人である。講演では、
紛争下における人道支援や市民の保護の重要性と、支援要員によるアクセス
に伴う課題など、国連がこのような活動を行う上での難しさについて、ウク
ライナにおける状況にも触れながら議論した。

　2 日目の 6 月 24 日には他のセッションの開始に先駆けて、京都芸術大学
と ACUNS との覚書が締結され、徳山豊学校法人瓜生山学園理事長とハ
ワード (Lise Howard) ACUNS プレジデントとの間で署名式が行われ、長
谷川祐弘会員をはじめ日本国連学会会員が立ち会った。この覚書に基づき京
都芸術大学のキャンパスに ACUNS 東京連絡事務所が設置された。

　同じく 2 日目に開催された「深刻化する国際的課題に対する国連の役割に

関するアジアの視点（Asian Perspectives on The Role of the United Nations in Addressing Intensifying Global Challenges）」と題されたセッションでは、長谷川祐弘会員による司会の下、神余隆博会員が討論者の一人として、またキハラハント愛会員がコメンテータの一人として東アジアにおける課題等について議論に参加した。

「ブレイクスルーグループ：人道に関する活動とグローバル・ガバナンス（Breakthrough Group: Humanitarian Action & Global Governance）」と題されたセッションには東大作会員が参加し、テュルク（Danilo Türk）元スロベニア大統領（元国連事務次長補、現 Club de Madrid and High-Level Advisory Board on Effective Multilateralism（Slovenia））らと討論を行った。

「紛争と国連による平和活動におけるエージェント、または犠牲者としての女性（Women as Agents or Victims in Conflict and UN Peace Operations）」と題されたセッションでは、キハラハント愛会員が国連の性的搾取・虐待に関連する政策に関する発表を行なった。

キハラハント愛会員は同24日に開催された、書籍 ”Accountability in Global Governance” に関するラウンドテーブルディスカッションに著者のハーシュマン氏（Gisela Hirschmann）と共に参加し、国際機関の行動に関するアカウンタビリティなどに関する議論を行なった。

3日目となる6月25日には、「無法状態と残虐行為に直面する国連の平和活動（UN Peace Operations in the Face of Lawlessness and Atrocities）」と題されたセッションにおいて藤重博美会員が 2010 年代からの国連の平和活動における三原則の変遷についての議論を行った。

また、「現在の国連システムと多国間主義に関する多面的な課題（Multifaceted Contemporary Challenges to the UN System and Multilateralism）」と題されたセッションでは、植木安弘会員がロシアによるウクライナ攻撃と個別の犯罪責任の追及についての討論を行った。

「核兵器庫と核軍縮の促進（Nuclear Arsenal and Furthering Nuclear

Disarmament)」と題されたセッションは、日本国連学会とKorean Academic Council on the UN System（KACUNS）との共同パネルであり、神余隆博会員の司会の下、韓国からの発表者、討論者と共に津崎直人会員が国連総会における核軍縮に関する議論を行ったほか、筆者が核軍縮における国連の役割についての議論を行った。

　また本大会では発表のほか、アプリケーションやデータベースのデモンストレーションやACUNSが出版に関わるジャーナル「グローバル・ガバナンス（Global Governance）」の配布や紹介なども行われた。パンデミック以来の対面・オンラインでの開催であり、レセプションやコーヒーブレイクなど、各国からの参加者とのネットワーキングの機会も多く、実際に現地で学会に参加するうえで最も大きな利点の一つが確保された。また同時に、オンラインでも開催したことで、接続や音声などで技術的なトラブルも生じたものの、日程や旅費の制約を受けにくいため多数の参加者が得られた点は大きな利点であったと思われる。また、総会やジョン・ホルムス記念講演の映像は原稿執筆時点（2022年11月）でACUNSの2022年次大会のページ（https://acuns.org/annual-meeting-2022/）冒頭の各イベントのリンクより閲覧できる。

2　2022年東アジア国連システム・セミナー（第21回）報告書

樋 口 恵 佳

日時：2022年11月26日-27日
場所：北京、オンライン
主催：中国国際連合学会（United Nations Association of China）
日本側の開催協力：国連学会渉外委員会（上村雄彦、玉井雅隆、渡邉智明、堀尾　藍、樋口恵佳）

　第21回東アジア国連システム・セミナーが2022年11月26日-27日の二日間にかけて開催されました。COVID-19の流行が未だ収まらないことに鑑み、2021年と同様オンライン形式で開催されました。統一テーマは"Join Hands to Build a World　Enjoying Universal Security and Common Prosperity"とされ、安全保障から持続可能な開発、気候変動対策まで幅広い議論が行われました。

　日本（日本国際連合学会、Japan Association for United Nations Studies）から12名、中国からは14名、韓国（韓国国連システム学術協会、Korean Academic Council of the United Nations System）からは14名の参加がありました。また、国連システム学術評議会（Academic Council on the United Nations System, ACUNS）より、リセ・ハワード（Lise Morjé Howard）氏がゲストとして参加しました。

　セミナーは、大きく3つのセッションにより構成され、それぞれのセッションに小テーマが置かれました。小テーマごとに、モデレーター1名、プ

レゼンター3名、コメンテーター3名により報告及び議論が行われました。セッションごとの小テーマは以下の通りです。

セッションI「新たな安全保障のビジョンの提唱（Advocate a New Vision of Security)」
—東アジアにおける平和と安全保障（Peace and Security in East Asia)

セッションII「持続可能な開発の促進（Promote the Global Development)」
—持続可能な開発と国連2030アジェンダの実施（Implementation of the UN 2030 Agenda for Sustainable Development)
—グローバル経済の回復（Recovery of the Global Economy)

セッションIII「気候変動への対策（Combat Climate Change)」
—エネルギー転換（Energy Transformation)
—海洋環境の保護（Ocean Environment Protection)

セッションI、東アジアにおける平和と安全保障（Peace and Security in East Asia）では、中国と米国の対立がありつつも日本と韓国は米国と同盟関係にあること、DPRKの核開発問題等の課題が存在する中で、地域での安全保障の枠組みや、各国の政策について、欧州の取組を例にとるなどして議論がなされました。東アジアにおける協力を達成するにあたっては、イデオロギー先行の対立を回避し、いかに現実に即した協力関係を構築できるかなどの指摘がなされました。

セッションII、持続可能な開発と国連2030アジェンダの実施（Implementation of the UN 2030 Agenda for Sustainable Development）においては、国連2030アジェンダに関わる様々な政策課題について、各国の国内政策や国際関係におけるステークホルダーと東アジア諸国との関係等の

視点から議論が行われました。

同様にセッション II、グローバル経済の回復（Recovery of the Global Economy）においては、保護主義や COVID-19、ロシア・ウクライナ紛争といったグローバル経済や食糧安全保障に対する様々な障害が明らかにされ、さらに克服のための方策について報告が行われました。また、グローバル経済の障害を取り除く方策について、悲観主義、楽観主義的な立場双方から議論が交わされました。

セッション III、エネルギー転換（Energy Transformation）のセッションでは、様々な主体による気候変動に対する取り組みについて報告及び議論がなされました。国連の UNHCR が行う気候難民などの気候変動に伴う人権侵害への取組み、その気候変動に対する各国の取組み、産業界の取組みなど、それぞれの主体による国境を超えた協働の必要性について議論がなされました。

同様にセッション III、海洋環境の保護（Ocean Environment Protection）では、国連気候変動枠組み条約（UNFCCC）と海洋、海洋環境汚染対策としての国連海洋法条約やロンドン条約、MARPOL 条約体制などについて、報告が行われました。時代に合わせて既存の条約制度や海洋ガバナンス体制を対応させる必要性について議論が行われました。

ACUNS との対話の中では、国連システムに関する研究領域の中で、特に東アジアの研究者が貢献を求められている分野について意見交換がなされました。結果として、平和維持活動や平和構築ミッションに関する議論に対して東アジア諸国の研究者が参画する必要性が指摘されました。

会議後に、参加者から以下のような意見が寄せられました。

・報告者だけではなくコメンテーターの時間超過が目立ったため、主催者側で「3分前」「1分前」等の情報をスピーカーに知らせてもらえたらよい。
・同席した先生の連絡先がわかると嬉しい。Bio に連絡先を記載してもらえるとよい。

これらの意見については、次年度の主催国となる韓国側と折衝をする際、

韓国側に伝え対応が協議される予定です。

　また、特に東アジア国連システム・セミナーの公開に関して、次のような意見がありました。

　2019年の第19回まで対面開催をしていた東アジア国連システム・セミナーは、これまで30名程度の少人数において学術的な議論を行う小規模なセミナーとして運営されてきました。

　しかしながら、昨年度、本年度と続けてオンライン開催となったことで、現地参加者だけではなくより多くの参加者に対して議論を公開できる環境が整い、公開に関する要望が寄せられました。昨年度（日本主催）は韓国側の要望によりKeynote Speech以外は非公開に、本年は主催の技術的な理由により、非公開となりました。

　東アジア国連システム・セミナーは来年度以降、対面開催へ戻る可能性が示唆されていますが、そのような場合においてもセミナーを公開すべきかにつき、オンライン環境をさらに追加する会議運営のコストといった現実的な問題と併せて、3か国間で協議が必要であるとの意見がありました。

　なお、日本側からは上村渉外委員長より、本年度セミナーの閉会式スピーチにおいて、公開に関する議論を行う必要性について言及がありました。

3 規約及び役員名簿

（1） 日本国際連合学会規約

I　総則

第1条（名称）　本学会の名称は、日本国際連合学会とする。

第2条（目的）　本学会は、国連システムの研究とその成果の公表及び普及を目的とする。

第3条（活動）　本学会は、前条の目的を達成するために、以下の活動を行う。

> 1) 国連システムに関する研究の促進並びに各種の情報の収集、発表及び普及
>
> 2) 研究大会、研究会及び講演会等の開催
>
> 3) 機関誌及び会員の研究成果の刊行
>
> 4) 内外の学会及び関係諸機関、諸団体との協力
>
> 5) その他本学会の目的を達成するために必要かつ適当と思われる諸活動

II　会員

第4条（入会資格）　本学会の目的及び活動に賛同する個人及び団体は、本学会に入会を申請することができる。本学会の会員は、個人会員と団体会員からなる。個人会員は、一般会員と院生会員の2種とする。

第5条（入会申請）　本学会への入会は、理事を含む会員2名の推薦に基づき、理事会の承認を得なければならない。

第6条（会員の権利）　会員は、本学会の機関誌の配布を受け、本学会の総会、研究大会、研究会及び講演会等に参加することができる。

第7条（会費）　会員は、別に定める所定の会費を納める。2年以上にわ

たって会費を納めていない者は、理事会の議を経て会員たる資格を
失う。

第8条（退会）　本学会から退会しようとする会員は、書面をもってこれ
を申し出、理事会がこれを承認する。

Ⅲ　総会

第9条（総会）　通常総会は年一回、臨時総会は必要に応じ理事会の議を
経て、理事長が招集する。

第10条（意思決定）　総会の議決は、出席会員の過半数による。但し、規
約の変更は出席会員の3分の2以上の同意によって行う。

Ⅳ　理事会

第11条（理事及び監事）　本学会に、理事20名程度及び監事2名を置く。

第12条（理事及び監事の選任と任期）　理事及び監事は、総会において選
任される。理事及び監事の任期は3年とし、二回まで継続して再選
されることができる。

第13条（理事及び監事の職務）　理事は理事会を構成し、学会の業務を管
掌する。監事は理事会に出席し、理事の職務の執行及び学会の会計
を監査する。

第14条（理事会の任務及び意思決定）　理事会は本学会の組織運営にかか
わる基本方針及び重要事項を審議し、決定する。理事会の議決は、
理事の過半数が出席し、現に出席する理事の過半数をもって行う。

第15条（理事長）　理事長は、理事の互選により選任される。理事長は本
学会を代表し、その業務を統括する。理事長の任期は3年とする。

Ⅴ　主任及び各委員会並びに運営委員会

第16条（主任）　理事長は、理事の中から、企画主任、編集主任、渉外主
任及び広報主任を指名する。

第17条（委員会） 各主任は会員の中から数名の委員を指名し、委員会を構成する。各委員会の構成は運営委員会によって承認される。

第18条（運営委員会） 運営委員会は、理事長、各委員会主任及び事務局長並びに原則として理事の中から理事長が指名するその他の委員によって構成される。運営委員会は学会の業務を遂行する。

VI 特別顧問

第19条（特別顧問） 本学会に特別顧問を置くことができる。特別顧問の任命は、理事会の議を経て、総会が行う。特別顧問は、本学会の会費の納入を免除される。

VII 事務局

第20条（事務局） 本学会に、理事長が指名する理事を長とする事務局を置く。事務局長は、理事長を補佐し、本学会の日常業務を処理する。事務局長は、事務局員を置くことができる。

VIII 会計

第21条（会計年度） 本学会の会計年度は、毎年4月1日に始まり翌年の3月31日に終わる。

第22条（予算及び決算） 本学会の予算及び決算は、理事会の議を経て総会の承認を得なければならない。決算については、監事による監査を受けるものとする。

（付則） (1) この規約は、1998年10月22日より施行する。

   (2) この規約は、2016年6月11日より施行する。

（2）　日本国際連合学会役員等名簿（2022 年 10 月 1 日〜 2025 年 9 月 30 日）

理事長：山田哲也

事務局長：山本慎一

企画主任：上野友也

編集主任：杉浦功一

渉外主任：上村雄彦

広報主任：井上健

1　特別顧問：

　　明石康　渡邉昭夫

2　監事：

　　松隈潤　渡部茂己

3　理事：

　　井上健　猪又忠徳　上村雄彦　大平剛　上野友也　久木田純
　　功刀達朗　久山純弘　佐渡紀子　庄司真理子　杉浦功一　高橋一生
　　滝澤三郎　西海真樹　二村まどか　星野俊也　本多美樹　真嶋麻子
　　山口しのぶ　山田哲也　山本慎一
　　（以上、21 名）

4　運営委員：

　　井上健　上村雄彦　上野友也　杉浦功一　山田哲也　山本慎一

（3）　日本国際連合学会　各種委員会・事務局

5　企画委員会：

　　上野友也（主任）　川口智恵　小林綾子　佐藤量介　宮下大夢

6　編集委員会：

杉浦功一（主任）　赤星聖　小川裕子　軽部恵子　菅原絵美　柳生一成
吉村祥子

7　渉外委員会：

上村雄彦（主任）　玉井雅隆　樋口恵佳　渡邉智明　堀尾藍

8　広報委員会：

井上健（主任）　妻木伸之　平井華代

9　事務局：

山本慎一（事務局長）

VII

英 文 要 約

Special Article
In Memorial of Professor Kinhide Mushanokoji

Akio Watanabe

Prof. Kinhide Mushanokoji was born in Brussels as the third son of his father, a diplomat Kintomo Mushanokoji while he worked at the Japanese Embassy in Belgium. The Mushanokoji is a famous family with a long tradition, and a Japanese novelist Saneatsu Mushanokoji is his uncle. His career up to his death on May 23, 2022, at the age of 92 was truly diverse.

For example, a pacifist, a member of the Committee of Seven for World Peace Appeal (World Peace 7), Vice-Rector of the United Nations University, President of the International Political Science Association (IPSA), and Special Advisor to the Japan Association for United Nations Studies (JAUNS). I think there are two characteristics in his career. First, he was literally active globally, and second, he was an elegant idealist perhaps due to the influence of his uncle.

Next, I would like to talk about his academic contribution. His book titled *Kokusaiseiji wo miru me: Reisen kara atarashii kokusaichitsujo e* (in Japanese. *Eyes on International Politics: From the Cold War to the New International Order*) published by Iwanami Shinsho uses plain language to explain how international politics has changed over time. In the book he preaches that the Cold War is over and the world is changing in a global way, but every time I see or hear the news about Ukraine today, I sincerely wish that now is the time to ask him how to look at it.

Another major book tilted *Kodo-kagaku to kokusai seiji* (in Japanese. *Behavioral Science and International Politics*) published by the University of Tokyo Press is highly specialized in its content, explaining what behavioral science is and analyzing the volume of the Prime Minister's speeches to the Imperial Diet. This was an attempt at multivariate analysis using computers with the help of Takashi Inoguchi and others. I'm sorry to tell you a personal matter but around the same time I myself tried quantity analysis of speeches by the prime ministers and foreign ministers at the parliament before and after the war, but I was very embarrassed because of the difference between the heavens and the earth of my handwriting analysis and his computer-aided analysis.

Lastly, you can't miss his book *Kokusai shakaikagaku kogi: Bunmei kan taiwa no saho* (in Japanese. *Lectures on International Social Science: Etiquette for Inter-Civilizational Dialogue*) published by Kokusai Shoin. Many people may think of "clash between civilizations" when they hear the word "inter-civilization," but what he deals with in this book is dialogue between paradigms. Specifically, it is an intellectual endeavor that I can perceive as a dialogue between Western modernity and three other paradigms (non-Western cosmology, animism, for example) as a message that it is essential to solve the global challenges we face today.

Due to the difference in academic traditions, I was not blessed with the opportunity to work with him at conferences, but I would like to close this eulogy by touching on the only good memories among us.

The year was October 1980. The location was Berlin. Perhaps I was with Sadako Ogata, so it was a Japan-Germany cooperation meeting on the subject of the United Nations. Across Tiergartenstrasse in Berlin, there is the Japan Embassy on this side, and on the other side is Tiergarten. One morning, while I was strolling there, I remember encountering him who was also strolling. Along with his business card of the Secretary General of the Japanese-German Center Brockdorf that remains in my hand.

1   UN and Regional Organizations for Security

Mariko Shoji

Security through Regional Organizations has two aspects: the aspect of regional collective security, as indicated by Article 53 of the UN Charter, and the aspect of collective self-defense, as indicated by Article 51 of the UN Charter. While the former is security with an inward-looking orientation within a region, the latter is an alliance with an external defense character, in that it prepares for attacks on the region from outside the region. How will the international community view these two concepts under the UN Charter? The following three perspectives will be examined. First, the Monroe Doctrine in the Covenant of the League of Nations; second, the relationship between Regional Organizations and the right to collective self-defense in the process of drafting the UN Charter; and third, an overview of the relationship between regional security and the UN's current challenges. Finally, the case of the 1999 bombing of Kosovo raises the question of whether the interpretation of coercive action by a regional organization as "illegal but legitimate" is justified. In actual cases in the international community, there are cases where legal judgments do not always match with judgments of legitimacy, in the form of "illegal but legitimate" or "legal but illegitimate." It is in these grey areas, however, that the opportunity to reconsider the future development of laws and norms, as well as security, lies in the UN and Regional Organizations for Security.

2 The Role of United Nations in Europe in the Security Perspective

Masataka Tamai

In the original idea of the UN Charter, the Permanent member states of the Security Council of the United Nations have first responsibility to maintain international peace. But the responsibility to maintain regional peace is shared between UN Security Council and regional organizations. However, this multi-layered security system was not realized because of Cold War.

After the Cold War era the United Nations has co-operated with regional Organizations such as African Union in Africa, and Economic Community of West African States in West Africa. This is the same situation as European Continent, there are several regional and sub-regional organizations such as Organization for Security and Co-operation in Europe, European Union, Council of Europe, and Nordic Council.

In 2022, the Russo-Ukrainian Conflict was occurred. This conflict shows the conflict related to the Permanent member of the UN Security Council is difficult to mediate by United Nations. However, in the Ukrainian Conflict, the multi-layered security system is obstacle to mediate between Russia and Ukraine. The Chairperson-in-office in 2022 was Poland, and at the same time, Poland is a member of NATO and EU.

In this situation, there is a possibility to play an important role by the United Nations. Other regional organizations could not play a role of mediator, so the United Nations is only one player that keeps neutral.

3 The Origins of the Partnership on Peace Operations in Africa:

The 'Goulding Report' (1997) and Somalia

Mika Inoue-Hanzawa

This article explores the origins of the partnership between the United Nations (UN) and regional organisations on peace operations in Africa. It examines the process and causes of the transformation of UN peacekeeping operations (PKOs) in the 1990s, based on the 'Practical Measures to Enhance the United Nations' Effectiveness in the Field of Peace and Security: A Report Submitted to the Secretary-General of the United Nations' (the 'Goulding Report'). On 30 June 1997, the UN Under-Secretary-General, Sir Marrack Goulding, presented the Goulding Report to UN Secretary-General Kofi A. Annan. It was a closed-door report in which Goulding analysed PKOs based on his knowledge and experience as a British diplomat and senior UN official. In particular, Goulding discussed the pros and cons of the use of force, humanitarian crises, and the relationship between the UN and regional organisations. The contents of the report suggested the direction of PKOs post-2000s. An analysis of the Goulding Report can, thus, help us examine PKOs as a history in the relationship among international organisations and Africa.

This study focuses on international involvement in Somalia, a case frequently mentioned in the Goulding Report. Somalia was one of the most controversial cases related to PKOs in the 1990s in terms of the

relationship between humanitarian crises and the use of force in PKOs,
the peace enforcement concept, and the relationship between the UN
secretariat and Member States. Somalia has been the most controversial
case apropos of the relationship between the African Union (AU) and the
UN. In February 2007, the AU deployed the AU Mission in Somalia
(AMISOM), while the UN and the European Union provided logistic,
financial, and technical support.

This study also considers the position of regional organisations, which
has not been adequately discussed in previous studies of international
organisation theory. Focusing on the 'partnership' between the UN and
regional organisations, we are confronted with the question of whether
regional organisations are really a part of the UN or are external actors.
This, in turn, raises the question of what the UN is and what it means
under the UN Charter regime. Chapter VIII of the UN Charter defines the
relationship of authority between the UN Security Council and regional
arrangements in the pursuit of security. This study presents the
possibility of positioning regional mechanisms not only in situations where
they act as an entity that is part of or complementary to the 'quasi-first
UN' composed of member states but also as a 'fourth UN' that has not
been underscored thus far. Analysing PKOs in the context of the 1990s as
'history' is essential for clarifying the global and regional commitment to
conflicts in Africa.

4 The Inherent Constraints on the Use of Veto Power in the United Nations:

A Critical Analysis of the Russian Vetoes in the Russia-Ukraine Conflict

Nao Seoka

Russia's use of veto against the UN Security Council resolutions denouncing its military actions in Ukraine in February 25 and September 30, 2022, prompted scholars of international law and relations to explore whether such exercise of veto is consistent with the rationales of veto power provided by the UN Charter and with the evolving purposes and principles of the Charter. Maintaining and relying on the textual interpretation of Article 27, paragraph 3, of the Charter, however, most of the legal analyses failed to recognize that the constrains to the veto right were in fact present at its creation. Some scholars, particularly in the field of international politics and relations, furthermore, reached a simple conclusion that the veto power is instrumental for the P5 to maintain the balance of power and interests.

The veto power originally introduced into the UN Charter was arguably based on the two fundamental rationales – "veto as a right" and "veto as a responsibility." First, the veto power is a privilege granted by the Charter that allows each P5 member to block a draft resolution and justify such an action by invoking its *right* to protect its vital interests. At the same time, veto is a *responsibility* – P5 are expected to fulfill their special responsibility to contribute to the UN main purposes, namely the maintenance of international peace and security, the protection of human rights, and the right of self-determination of people, by exercising its veto power. Although these rationales are not stipulated in Article 27, paragraph 3 of the Charter, they should be considered as the inherent constraints of the veto power.

Applying the veto rationales to the Russian vetoes in the Russia-Ukraine conflict, these vetoes are unjustifiable not only from the perspective of the 'veto as a right', but also of 'veto as a responsibility'. This analysis is supported by the reactions to the Russian vetoes in the UN, including the joint statement by 50 UN members which criticize the Russian vetoes as an abuse of power, as well as the adoption of General Assembly resolution that seeks to hold the permanent members accountable when they exercise the veto right.

5 Implication of Security Council's Legislative Function: A Study from the National Implementation of Resolution 1540

Kiwako Tanaka

Security Council Resolution 1540 (2004) was adopted in 2004 as a precautionary measure in response to growing concerns that terrorists and other non-state actors might acquire and use weapons of mass destruction (WMD) in the wake of the 2001 terrorist attacks in the United States. Rather than identifying a specific situation by any one state as a threat to international peace and security and taking action to respond to it, Resolution 1540 identifies the general threat of a possible link between terrorists and WMD as a threat to international peace and security and, as a response, requires all UN member states to establish national legislation aimed at non-proliferation of WMD to non-state actors. This led to controversy as the Security Council had exercised its legislative function over UN member states.

One of the objectives of Resolution 1540 is to fill the gap of existing international treaties by adding non-state actors and export control measures to their coverage, in the primary sense, because of concerns about the linkage between WMD and non-state actors. However, as a result of the adoption of Resolution 1540 amidst many differing opinions and expressions of opposition, a look at the status of national implementation in 2021 revealed that the majority of states are using domestic application of existing multilateral treaties to which they are parties as a means of domestic implementation of Resolution 1540. With regard to non-state actors, 2021 review revealed that not small number of countries had taken counterterrorism laws as the main source of law to implement Resolution 1540. In such countries, the "non-state actors" are limited to terrorists. With regard to export control measures, the same review result indicated that the implementation status is low, and it is clear that many countries who are outside of the existing export control regimes have not established export control systems.

This article revealed that, based on the implementation review in 2021, many UN member states do not make specific efforts other than invoking from the existing laws to fulfill the legal obligations imposed by the Security Council. With only 15 members of the Security Council, and with excessive authorities vested in the five permanent members, there is a great deal of animosity toward legislative action by the Security Council over all UN member states.

編集後記

　今号より編集主任を務めさせていただいております。第24号は、特集論文、独立論文、政策レビュー、書評のほか、特別寄稿およびACUNS研究大会と東アジア国連システム・セミナーからの報告を掲載いたしました。御論考をお寄せいただいた会員の皆様に感謝申し上げます。また、投稿論文を査読してくださった先生方もありがとうございました。

　コロナ禍が明け平常に戻りつつある一方で、ウクライナなど世界各地では戦争・紛争が続き、震災など自然災害も頻発しております。国連の変わらぬグローバルな役割を考えることはもちろん、地域レベルにおける取り組みと国連の活動をいかに協調させるかが問われています。その意味で、このタイミングで本号を刊行できてよかったと感じております。

　最後になりましたが、私事ながら大学移籍のタイミングと重なる中で、今号が無事に出版できましたのは、国際書院の石井彰社長の本学会への変わらぬご理解とご協力のおかげです。改めて感謝申し上げます。そして、現編集委員の皆様および前編集主任の本多美樹先生の力強いご助力があって本号は完成いたしました。ありがとうございました。　　　（杉浦功一　文教大学）

　本号では、特集論文セクションを担当いたしました。お忙しい中にもかかわらずご寄稿いただいた先生方には心より御礼申し上げます。依然としてロシアによるウクライナ侵略の出口は不明瞭であり、その対応について国連に対する厳しい見方も存在しています。しかし、実効的な政治的対応・解決が難しい側面はあるものの、主権尊重や人権保護といった国連憲章に掲げられた理念を否定する国家はほとんど存在しません。『国連研究』が、国連が果たしうる役割について議論を深めるその一助となるよう、編集委員として引き続き努力してまいりたいと思います。　　　（赤星聖　神戸大学）

　今号では、特集論文を担当しました。国連憲章第8章上の地域的機構・地域的取極と普遍的国際機構である国連との関係について、編集を担当しつつ、私自身も考え直す良い機会になりました。現在の世界は想像をはるかに超える出来事が多々起こっていますが、学術的な考察は（一見地味ですが）より根源的に未来の構築を行う上で重要な基礎となると存じます。『国連研究』が、会員各々の論考を公表する良い場となり、関連する分野の研究をより深めると同時に、活発な意見交換を促進する一助となることを祈念します。ご多忙にもかかわらず執筆をお引き受けくださった先生方、杉浦編集主任を始めとする編集委員の皆様ならびに今号もお力添えをいただいた前編集主任の本多先生、そして国連学会会員の皆様に、心から感謝と御礼を申し上げます。

（関西学院大学　吉村祥子）

　今号では、特集論文を担当しました。編集担当を通じて、国連と地域機構の関係性を問い直す意義を実感しました。ご多忙な中、執筆をお引き受けくださった先生方、杉浦編集主任を始めとする編集委員の皆様ならびに前編集主任の本多先生、そして国連学会会員の皆様に、心から感謝と御礼を申し上げます。

（小川裕子　東海大学）

　今号では、独立論文を担当しました。2022年2月に始まったロシアのウクライナ軍事侵攻で、国連安保理常任理事国の拒否権に改めて光が当たっています。国連の70余年の歴史で、アメリカ同時多発テロと並ぶ最大の危機と言ってよいかもしれません。2000年代前半に安保理改革の動きが盛り上がりましたが、今回はどうなるか。授業で受講生から質問されることの多い問題なので、勉強を続ける毎日です。

（軽部恵子　桃山学院大学）

　今回は政策レビューのセクションを初めて担当いたしました。ご執筆を快諾して下さいました先生方に深く感謝申し上げます。規範の定立とその名宛

人による遵守という問題は法に常につきまといますが、安保理による立法的行為という、大きな議論を巻き起こした現象の影響を、その後の決議の遵守の観点から実務的に鋭く考察する論考を掲載することができました。今号から杉浦編集主任のもと新たな編集委員会の体制が始まりました。これまでと同じく、今後も『国連研究』へのご協力を何卒よろしくお願い申し上げます。

（柳生一成　広島修道大学）

　今号では、書評を担当しました。ご多忙のなか、執筆をお引き受けくださった先生方に心より御礼を申し上げます。書評を通じて、名著の理解を深めるとともに、著者と評者の対話から多くを学ぶことができました。編集主任の杉浦功一先生、前編集主任の本多美樹先生には大変お世話になりました。この場を借りて感謝申し上げます。

（菅原絵美　大阪経済法科大学）

＊セクション担当順

〈執筆者一覧〉掲載順　　　＊所属および職位は 2023 年 4 月時点のもの。

渡邉　昭夫（わたなべ・あきお）

東京大学名誉教授、日本国際連合学会特別顧問

専門は、国際政治学、日本外交論。

主な著書に、『安全保障政策と戦後日本 1972-1994―記憶と記録の中の日米安保』（千倉書房、2016 年）、『21 世紀を創る』（PHP 研究所、2016 年）、『日本をめぐる安全保障　これから 10 年のパワー・シフト―その戦略環境を探る』（亜紀書房、2014 年）などがある。

庄司　真理子（しょうじ・まりこ）

敬愛大学国際学部教授

専門は、国際関係論、国際法、国際機構論。

主な著書に、庄司真理子・宮脇昇・玉井雅隆（編著）『（改訂第 2 版）新グローバル公共政策』（晃洋書房、2021 年）、"The UN Global Compact for Transnational Business and Peace: A Need for Orchestration?" in *Code of Conduct on Transnational Corporations: Challenges and Opportunities*, ed. Mia Mahmudur Rahim（Springer Nature, 2019), pp. 89-110 などがある。

玉井　雅隆（たまい・まさたか）

東北公益文科大学公益学部教授。

専門は、国際政治学、紛争予防論、マイノリティ論。

主な著書に、『欧州安全保障協力機構（OSCE）の多角的分析―「ウィーンの東」と「ウィーンの西」の相克』（志学社、2021 年）、庄司真理子・宮脇昇・玉井雅隆（編著）『（改訂第 2 版）新グローバル公共政策』（晃洋書房、2021 年）、山本武彦・玉井雅隆編『国際組織・国際制度』（志学社、2017 年）、『CSCE 少数民族高等弁務官と平和創造』（国際書院、2014 年）などがある。

井上　実佳（いのうえ・みか）

東洋学園大学グローバル・コミュニケーション学部教授

専門は、国際政治学、アフリカの安全保障と国際組織。

近著に、井上実佳・今井ひなた「第6章 アフリカ」西海洋志ほか編『地域から読み解く「保護する責任」―普遍的な理念の多様な実践に向けて』（聖学院出版会、2023年）、207-241頁、井上実佳・川口智恵・田中（坂部）有佳子・山本慎一（編著）『国際平和活動の理論と実践－南スーダンにおける試練』（法律文化社、2020年）、「第10章 日本と国連」佐藤史郎ほか編『日本外交の論点』（法律文化社、2018年）、104-115頁などがある。

瀬岡　直（せおか・なお）

近畿大学国際学部准教授

専門は、国際法、国際組織法。

主な著書・論文に、「強行規範に基づく拒否権の法的制限に関する一考察－J. Trahanの議論を中心に－」*Journal of International Studies*, Vol.7, 2022, pp.17-32、「保護する責任と体制転換のジレンマに関する一考察－リビア紛争におけるカダフィ政権の政府性をめぐって」『国際法外交雑誌』第117巻2号（2018年）135-168頁、『国際連合における拒否権の意義と限界－成立からスエズ危機までの拒否権行使に関する批判的検討－』（信山社、2012年）などがある。

田中　極子（たなか・きわこ）

東洋英和女学院大学国際社会学部准教授

国連安保理1540委員会専門家グループ委員（2023年3月末まで）

専門は、軍縮・不拡散、集団的安全保障。

主な論文に、"Controlling the Transfer of Biotechnology in the Age of Strategic Competition," *The Journal of Social Science*, no.90（2023）、"The UN Security Council Resolution 1540 and Counter Proliferation Financing" in *United Nations Financial Sanctions*, ed. Sachiko Yoshimura Yoshimura (Routledge, 2020) などがある。

望月　康恵（もちづき・やすえ）
関西学院大学法学部教授
専門は、国際法、国際機構論。
主な論文・著書に、片柳真理・坂本一也・清水奈名子・望月康恵『平和構築と個人の権利―救済の国際法試論』（広島大学出版会、2022 年）、"Roles and Functions of Transitional Justice Mechanisms in the Asia-Pacific Region in the Development of International Law", *Chinese*（*Taiwan*）*Yearbook of International Law and Affairs*, Vol.35, 2018, pp.70-98、『移行期正義―国際社会における正義の追及』（法律文化社　2012 年）などがある。

山田　哲也（やまだ・てつや）
南山大学総合政策学部教授
専門は国際法、国際機構論
主な著書・論文に、「国際法からみた一方的分離独立と『併合』：ウクライナ東部・南部 4 州の法的地位」『国際問題』第 710 号（2022 年）5-14 頁、「日本の『植民地』獲得と法制」柳原正治・兼原敦子編『国際法からみた領土と日本』（東京大学出版会、2022 年）61-85 頁、『国際機構論入門』（東京大学出版会、2018 年）、『国連が創る秩序：領域管理と国際組織法』（東京大学出版会、2010 年）などがある。

滝澤　美佐子（たきざわ・みさこ）
桜美林大学リベラルアーツ学群教授。
専門は、国際法、国際機構論。
主な著書・論文に、横田洋三編『新国際人権入門：SDGs の時代における展開』（法律文化社、2021 年）、「国際連合による暫定統治と移行期における法関係：

東ティモールを例に」出口雄一編『戦争と占領の法文化』（国際書院、2021 年）77-110 頁、吉村祥子・望月康恵編『国際機構論 [活動編]』（国際書院、2020 年）（第 5 章、第 8 章第 3 節、第 13 章第 2・3 節）、『国際人権基準の法的性格』（国際書院、2004 年）などがある。

小林　綾子（こばやし・あやこ）

上智大学総合グローバル学部准教授

専門は、国際政治学、グローバル・ガバナンス、紛争平和研究。

主な論文に、「紛争再発と和平合意」『国際政治』第 210 号（2023 年）95-110 頁、「国際平和活動とローカルな平和」『国連研究』第 22 号（2021 年）151-187 頁があり、訳書にエリカ・チェノウェス著『市民的抵抗』（白水社、2023 年）がある。

川口　智恵（かわぐち・ちぐみ）

東洋学園大学グローバル・コミュニケーション学部准教授

専門は、国際政治、政策研究、平和構築。

主な著書・論文に、"Why GBV Survivors Cannot Seek Help: The Case of South Sudanese Refugees in Uganda" in *Risks, Identity and Conflict: Theoretical Perspectives and Case Studies*, eds. Steven Ratuva, Hamdy A. Hassan & Radomir Compel (Springer Nature, 2021)、井上実佳・川口智恵・田中（坂部）有佳子・山本慎一（編著）『国際平和活動の理論と実践－南スーダンにおける試練』（法律文化社、2020 年）、Atsushi Hanatani, Oscar A. Gomez & Chigumi Kawaguchi, *Crisis Management Beyond the Humanitarian-Development Nexus* (Routledge, 2018) などがある。

竹内　舞子（たけうち・まいこ）

早稲田大学紛争交渉研究所招聘研究員、経済産業研究所コンサルティングフェロー

専門は、経済安全保障、貿易管理、経済制裁。

主な著書・論文に、「安保理北朝鮮制裁における適用除外規定と実務上の取扱いの変化―人道支援を中心に―」『国際法研究』第 9 号（2021 年）69-87 頁、"UN financial sanctions against the Democratic People's Republic of Korea-Challenges and proposal for efficient implementation," in *United Nations Financial Sanctions*, ed. Sachiko Yoshimura（*Routledge*, 2021）, pp.134-149 がある。

樋口　恵佳（ひぐち・えか）
東北公益文科大学公益学部准教授
専門は、国際法、国際海洋法。

主な著書・論文に、藤井麻衣・樋口恵佳「国連海洋法条約の下での気候変動への対応」『環境法政策学会誌』第 25 号（2022 年）135-144 頁、「持続可能な海域利用に関する国内法制度の検証：海洋空間計画の国際ガイドラインの視点から」『公益学研究』第 21 巻 1 号（2022 年）13-21 頁、「第 3 章　国境紛争と国際法」宮脇昇・樋口恵佳・浦部浩之編著『国境の時代』（大学教育出版、2022 年）46-68 頁などがある。

（『国連研究』第 24 号）

地域安全保障と国連

編者　日本国際連合学会

2023 年 6 月 30 日初版第 1 刷発行

・発行者──石井　彰

印刷・製本／モリモト印刷株式会社

Ⓒ 2023 by The Japan Association
for United Nations Studies

定価（本体 3,200 円＋税）

ISBN978-4-87791-323-6 C3032 Printed in Japan

・発行所

KOKUSAI SHOIN Co., Ltd.
3-32-5, HONGO, BUNKYO-KU, TOKYO, JAPAN.

株式会社 **国際書院**

〒113-0033 東京都文京区本郷 3-32-6 ハイヴ本郷 1001
TEL 03-5684-5803　　FAX 03-5684-2610
Ｅメール：kokusai@aa.bcom. ne.jp
http://www.kokusai-shoin.co.jp

横田洋三編

国連による平和と安全の維持
―解説と資料

87791-094-8　C3032　　　　　A5判　841頁　8,000円

本書は、国連による国際の平和と安全の維持の分野の活動を事例ごとに整理した資料集である。地域ごとに年代順に事例を取り上げ、①解説と地図、②資料一覧、③安保理などの主要資料の重要部分の翻訳を載せた。　　　　　　　　　　　（2000.2）

横田洋三編

国連による平和と安全の維持
―解説と資料　第二巻

87791-166-9　C3032　　　　　A5判　861頁　10,000円

本巻は、見直しを迫られている国連の活動の展開を、1997年以降2004年末までを扱い、前巻同様の解説・資料と併せて重要文書の抄録も掲載し、この分野における全体像を理解できるように配慮した。　　　　　　　　　　　（2007.2）

秋月弘子

国連法序説
―国連総会の自立的補助機関の法主体性に関する研究

906319-86-6　C3032　　　　　A5判　233頁　3,200円

国連開発計画、国連難民高等弁務官事務所、国連児童基金を対象として国連という具体的な国際機構の補助機関が締結する「国際的な合意文書」の法的性格を考察することによって、補助機関の法主体性を検討する。　　　　　　（1998.3）

桐山孝信／杉島正秋／船尾章子編

転換期国際法の構造と機能

87791-093-X　C3032　　　　　A5判　601頁　8,000円

［石本泰雄先生古稀記念論文集］地球社会が直面している具体的諸課題に即して国際秩序転換の諸相を構造と機能の両面から分析する。今後の国際秩序の方向の学問的展望を通じて現代日本の国際関係研究の水準を次の世紀に示す。　（2000.5）

関野昭一

国際司法制度形成史論序説
―我が国の外交文書から見たハーグ国際司法裁判所の創設と日本の投影

87791-096-4　C3032　　　　　A5判　375頁　4,800円

常設国際司法裁判所の創設に際しての我が国の対応を外交文書・関連資料に基づいて検討し、常設国際司法裁判所が欧米的な「地域」国際裁判所に陥ることから救い、裁判所に「地域的普遍性」を付与したことを本書は明らかにする。　（2000.3）

横田洋三／山村恒雄編著

現代国際法と国連・人権・裁判

87791-123-5　C3032　　　　　A5判　533頁　10,000円

［波多野里望先生古稀記念論文集］「法による支配」を目指す現代国際法は21世紀に入り、危機に直面しているとともに新たなる理論的飛躍を求められている、本書は国際機構、人権、裁判の角度からの力作論文集である。　　　　　（2003.5）

秋月弘子・中谷和弘・西海真樹　編

人類の道しるべとしての国際法
［平和、自由、繁栄をめざして］

87791-221-5　C3032　　　　　A5判　703頁　10,000円

［横田洋三先生古稀記念論文集］地球共同体・人権の普遍性・正義・予防原則といった国際人権法、国際安全保障法、国際経済法、国際環境法などの国際法理論の新しい潮流を探り、21世紀国際法を展望する。　　　　　　　　（2011.10）

小澤藍

難民保護の制度化に向けて

87791-237-6　C3031　　¥5600E　　A5判　405頁　5,600円

難民保護の国際規範の形成・拡大とりわけOSCEおよびUNHCRの協力、EUの難民庇護レジームの形成・発展を跡付け、難民保護の営為が政府なき世界政治における秩序形成の一環であることを示唆する。　　　　　　　　（2012.10）

掛江朋子

武力不行使原則の射程
―人道目的の武力行使の観点から

87791-239-0　C3032　　　　　A5判　293頁　4,600円

違法だが正当言説、妥当基盤の変容、国連集団安全保障制度、「保護する責任論」、2005年世界サミット、安保理の作業方法、学説などの分析を通して、人道目的の武力行使概念の精緻化を追究する。　　　　　　　　　　　（2012.11）

東　壽太郎・松田幹夫編

国際社会における法と裁判

87791-263-5　C1032　　　　　　A5判　325頁　2,800円

尖閣諸島・竹島・北方領土問題などわが国を取り巻く諸課題解決に向けて、国際法に基づいた国際裁判は避けて通れない事態を迎えている。組織・機能・実際の判決例を示し、国際裁判の基本的知識を提供する。　　　　　　　　　　　　（2014.11）

渡部茂己・望月康恵編著

国際機構論［総合編］

87791-271-0　C1032　　　　　　A5判　331頁　2,800円

「総合編」、「活動編」「資料編」の3冊本として順次出版予定。「総合編」としての本書は、歴史的形成と発展、国際機構と国家の関係、国際機構の内部構成、国際機構の使命など第一線で活躍している専門家が詳説する。　　　　　　　　　（2015.10）

吉村祥子・望月康恵編著

国際機構論［活動編］

87791-305-2　C3032　¥3200E　　A5判　321頁　3,200円

国際機構論における「総合編」「活動編」「資料編」の第2巻に当たる本書[活動編]では安全保障、軍縮、人権、国際協力、経済、環境、文化、交通通信など各分野の活動を取り上げ国際機構の今日的役割を明らかにする。　　　　　　　　（2020.7）

松隈　潤

地球共同体の国際法

87791-294-9　C1032　¥2000E　　A5判　193頁　2,000円

「地球共同体の価値・利益」を保護する法の発展という現象に着目し、国際法の履行確保に関し国際機構論などの先行研究に依拠しつつ、各分野の「課題の所在」を確認し、「地球共同体の国際法」の可能性を追う。　　　　　　　　　　　（2018.9）

横田洋三・大谷　實・坂元茂樹監修

世界人権宣言の今日的意義
―世界人権宣言採択70周年記念フォーラムの記録―

87791-298-7　C3032　¥1200E　　四六判　169頁　1,200円

世界人権宣言の法的側面からの議論を通して世界人権宣言の現代社会における意義および役割を考える。21世紀国際社会における人類のゆくへをみる上で個人の尊厳を今こそわたしたちが真摯に問う時だ。　　　　　　　　　　　　　（2019.8）

安藤貴世

国際テロリズムに対する法的規制の構造:
テロリズム防止関連諸条件における裁判管轄権の検討

87791-303-8　C3032　¥6200E　　A5判　415頁　6,200円

今日まで19を数えるテロリズム防止関連諸条約を通して裁判管轄権規定の成立過程を描き出すことにより、国際テロリズムの処罰の法構造がどのように形成されてきたかを明らかにし今後の法的展望を示唆する。　　　　　　　　　　（2020.4）

波多野里望／松田幹夫編著

国際司法裁判所
―判決と意見第1巻（1946-63年）

906319-90-4　C3032　　　　　　A5判　487頁　6,400円

第1部判決、第2部勧告の意見の構成は第2巻と変わらず、付託事件リストから削除された事件についても裁判所年鑑や当事国の提出書類などを参考にして事件概要が分かるように記述されている。　　　　　　　　　　　　　　（1999.2）

波多野里望／尾崎重義編著

国際司法裁判所
―判決と意見第2巻（1964-93年）

906319-65-7　C3032　　　　　　A5判　561頁　6,214円

判決及び勧告的意見の主文の紹介に主眼を置き、反対意見や分離（個別）意見は、必要に応じて言及する。事件概要、事実・判決・研究として各々の事件を紹介する。巻末に事件別裁判官名簿、総名簿を載せ読者の便宜を図る。　　　　　（1996.2）

波多野里望／廣部和也編著

国際司法裁判所
―判決と意見第3巻（1994-2004年）

87791-167-6　C3032　　　　　　A5判　621頁　8,000円

第二巻を承けて2004年までの判決および意見を集約し、解説を加えた。事件概要・事実・判決・主文・研究・参考文献という叙述はこれまでの形式を踏襲し、索引もまた読者の理解を助ける努力が施されている。　　　　　　　　　　（2007.2）

横田洋三／廣部和也編著

国際司法裁判所
―判決と意見第4巻（2005-2010年）

87791-276-5　C3032　　　　　　　A5判　519頁　6,000円

1999年刊行を開始し、いまや国際法研究者必読の書として親しまれている。第4巻は2005-2010年までの国際司法裁判所の判決および勧告的意見を取上げ、事件概要・事実・判決・研究を紹介する

(2016.8)

横田洋三／東壽太郎／森喜憲編著

国際司法裁判所
―判決と意見第5巻

87791-286-4　C3032　　　　　　　A5判　539頁　6,000円

本書は2011-2016年までの国際司法裁判所が出した判決と勧告的意見の要約および開設を収録している。判決・勧告的意見の本文の紹介を主な目的とし、反対意見・分離意見は必要に応じて「研究」で言及した。

(2018.1)

横田洋三訳・編

国際社会における法の支配と市民生活

87791-182-9　C1032　　　　　　　四六判　131頁　1,400円

[*jf*UNU レクチャー・シリーズ①]　東京の国際連合大学でおこなわれたシンポジウム「より良い世界に向かって－国際社会と法の支配」の記録である。本書は国際法、国際司法裁判所が市民の日常生活に深いかかわりがあることを知る機会を提供する。

(2008.3)

内田孟男編

平和と開発のための教育
―アジアの視点から

87791-205-5　C1032　　　　　　　A5判　155頁　1,400円

[*jf*UNU レクチャー・シリーズ②]　地球規模の課題を調査研究、世界に提言し、それに携わる若い人材の育成に尽力する国連大学の活動を支援する国連大学協力会（jfUNU）のレクチャー・シリーズ②はアジアの視点からの「平和と開発のための教育」

(2010.2)

井村秀文編

資源としての生物多様性

87791-211-6　C1032　　　　　　　A5判　181頁　1,400円

[*jf*UNU レクチャー・シリーズ③]　気候変動枠組み条約との関連を視野にいれた「遺伝資源としての生物多様性」をさまざまな角度から論じており、地球の生態から人類が学ぶことの広さおよび深さを知らされる。

(2010.8)

加来恒壽編

グローバル化した保健と医療
―アジアの発展と疾病の変化

87791-222-2　C3032　　　　　　　A5判　177頁　1,400円

[*jf*UNU レクチャー・シリーズ④]　地球規模で解決が求められている緊急課題である保健・医療の問題を実践的な視点から、地域における人々の生活と疾病・保健の現状に焦点を当て社会的な問題にも光を当てる。

(2011.11)

武内和彦・勝間　靖編

サステイナビリティと平和
―国連大学新大学院創設記念シンポジウム

87791-224-6　C3021　　　　　　　四六判　175頁　1,470円

[*jf*UNU レクチャー・シリーズ⑤]　エネルギー問題、生物多様性、環境保護、国際法といった視点から、人間活動が生態系のなかで将来にわたって継続されることは、平和の実現と統一されていることを示唆する。

(2012.4)

武内和彦・佐土原聡編

持続可能性とリスクマネジメント
―地球環境・防災を融合したアプローチ

87791-240-6　C3032　　　　　　　四六判　203頁　2,000円

[*jf*UNU レクチャー・シリーズ⑥]　生態系が持っている多機能性・回復力とともに、異常気象、東日本大震災・フクシマ原発事故など災害リスクの高まりを踏まえ、かつグローバル経済の進展をも考慮しつつ自然共生社会の方向性と課題を考える。

(2012.12)

武内和彦・中静　透編

震災復興と生態適応
―国連生物多様性の10年とRIO＋20に向けて

87791-248-2　C1036　　　　　　　四六判　192頁　2,000円

[*jf*UNU レクチャーシリーズ⑦]　三陸復興国立公園（仮称）の活かし方、生態適応の課題、地域資源経営、海と田からのグリーン復興プロジェクトなど、創造的復興を目指した提言を展開する。

(2013.8)

武内和彦・松隈潤編

人間の安全保障
―新たな展開を目指して

87791-254-3　C3031　　　　　　A5判　133頁　2,000円

[*if*UNU レクチャー・シリーズ⑧] 人間の安全保障概念の国際法に与える影響をベースに、平和構築、自然災害、教育開発の視点から、市民社会を形成していく人間そのものに焦点を当てた人材を育てていく必要性を論ずる。　　　　　(2013.11)

武内和彦編

環境と平和
―より包括的なサステイナビリティを目指して

87791-261-1　C3036　　　　　　四六判　153頁　2,000円

[*if*UNU レクチャー・シリーズ⑨]「環境・開発」と「平和」を「未来共生」の観点から現在、地球上に存在する重大な課題を統合的に捉え、未来へバトンタッチするため人類と地球環境の持続可能性を総合的に探究する。　　　　　(2014.10)

勝間　靖編

持続可能な地球社会めざして：わたしのSDGsへの取組み

87791-292-5　C3032　¥2000E　四六判　219頁　2,000円

[*if*UNU レクチャー・シリーズ⑩] 本書では SDGs 実現に向けて世界各地で政府のみならず草の根にいたるさまざまなレベルでの取組みが紹介されており、国連大学の修了生たちの活動が生き生きと語られている。　　　　　(2018.9)

日本国際連合学会編

21世紀における国連システムの役割と展望

87791-097-2　C3031　　　　　　A5判　241頁　2,800円

[国連研究①] 平和・人権・開発問題等における国連の果たす役割、最近の国連の動きと日本外交のゆくへなど「21世紀の世界における国連の役割と展望」を日本国際連合学会に集う研究者たちが縦横に提言する。　　　　　(2000.3)

日本国際連合学会編

人道的介入と国連

87791-106-5　C3031　　　　　　A5判　265頁　2,800円

[国連研究②] ソマリア、ボスニア・ヘルツェゴビナ、東ティモールなどの事例研究を通じ、現代国際政治が変容する過程での「人道的介入」の可否、基準、法的評価などを論じ、国連の果たすべき役割そして改革と強化の可能性を探る。　　　　　(2001.3)

日本国際連合学会編

グローバル・アクターとしての国連事務局

87791-115-4　C3032　　　　　　A5判　315頁　2,800円

[国連研究③] 国連システム内で勤務経験を持つ専門家の論文と、研究者としてシステムの外から観察した論文によって、国際公務員制度の辿ってきた道筋を振り返り、国連事務局が直面する数々の挑戦と課題とに光を当てる。　　　　　(2001.5)

日本国際連合学会編

国際社会の新たな脅威と国連

87791-125-1　C1032　　　　　　A5判　281頁　2,800円

[国連研究④] 国際社会の新たな脅威と武力による対応を巡って、「人間の安全保障」を確保する上で今日、国際法を実現するために国際連合の果たすべき役割を本書では、様々な角度から追究・検討する。　　　　　(2003.5)

日本国際連合学会編

民主化と国連

87791-135-9　C3032　　　　　　A5判　344頁　3,200円

[国連研究⑤] 国連を初めとした国際組織と加盟国の内・外における民主化問題について、国際連合および国際組織の将来展望を見据えながら、歴史的、理論的に、さらに現場の眼から考察し、改めて「国際民主主義」を追究する。　　　　　(2004.5)

日本国際連合学会編

市民社会と国連

87791-147-2　C3032　　　　　　A5判　311頁　3,200円

[国連研究⑥] 本書では、21世紀市民社会の要求を実現するため、主権国家、国際機構、市民社会が建設的な対話を進め、知的資源を提供し合い、よりよい国際社会を築いていく上での知的作用が展開される。　　　　　(2005.5)

日本国際連合学会編

持続可能な開発の新展開

87791-159-6　C3200E　　　　　A5 判　339 頁　3,200 円

[国連研究⑦] 国連による国家構築活動での人的側面・信頼醸成活動、平和構築活動、あるいは持続可能性の目標および指標などから、持続可能的開発の新しい理論的、実践的な展開過程を描き出す。　　　　　　　　　　　　　　　　　　　　　(2006.5)

日本国際連合学会編

平和構築と国連

87791-171-3　C3032　　　　　A5 判　321 頁　3,200 円

[国連研究⑧] 包括的な紛争予防、平和構築の重要性が広く認識されている今日、国連平和活動と人道援助活動との矛盾の克服など平和構築活動の現場からの提言を踏まえ、国連による平和と安全の維持を理論的にも追究する。　　　　　(2007.6)

日本国際連合学会編

国連憲章体制への挑戦

87791-185-0　C3032　　　　　A5 判　305 頁　3,200 円

[国連研究⑨] とりわけ今世紀に入り、変動著しい世界社会において国連もまた質的変容を迫られている。「国連憲章体制への挑戦」とも言える今日的課題に向け、特集とともに独立論文、研究ノートなどが理論的追究を展開する。　　　　　(2008.6)

日本国際連合学会編

国連研究の課題と展望

87791-195-9　C3032　　　　　A5 判　309 頁　3,200 円

[国連研究⑩] 地球的・人類的課題に取り組み、国際社会で独自に行動する行為主体としての国連行動をたどり未来を展望してきた本シリーズの第10巻目の本書では、改めて国連に関する「研究」に光を当て学問的発展を期す。　　　　(2009.6)

日本国際連合学会編

新たな地球規範と国連

87791-210-9　C3032　　　　　A5 判　297 頁　3,200 円

[国連研究⑪] 新たな局面に入った国連の地球規範；感染症の問題、被害者の視点からの難民問題、保護する責任論、企業による人権侵害と平和構築、核なき世界の課題など。人や周囲への思いやりの観点から考える。　　　　　　　　(2010.6)

日本国際連合学会編

安全保障をめぐる地域と国連

87791-220-8　C3032　　　　　A5 判　285 頁　3,200 円

[国連研究⑫] 人間の安全保障など、これまでの安全保障の再検討が要請され、地域機構、準地域機構と国連の果たす役割が新たに問われている。本書では国際機構論、国際政治学などの立場から貴重な議論が実現した。　　　　　　(2011.6)

日本国際連合学会編

日本と国連
―多元的視点からの再考

87791-230-7　C3032　　　　　A5 判　301 頁　3,200 円

[国連研究⑬] 第13巻目を迎えた本研究は、多元的な視点、多様な学問領域、学会内外の研究者と実務経験者の立場から展開され、本学会が国際的使命を果たすべく「日本と国連」との関係を整理・分析し展望を試みる。　　　　　(2012.6)

日本国際連合学会編

「法の支配」と国際機構
―その過去・現在・未来

87791-250-5　C3032　　　　　A5 判　281 頁　3,200 円

[国連研究⑭] 国連ならびに国連と接点を有する領域における「法の支配」の創造、執行、監視などの諸活動に関する過去と現在を検証し、「法の支配」が国際機構において持つ現代的意味とその未来を探る。　　　　　　　　　　　(2013.6)

日本国際連合学会編

グローバル・コモンズと国連

87791-260-4　C3032　　　　　A5 判　315 頁　3,200 円

[国連研究⑮] 公共圏、金融、環境、安全保障の分野から地球公共財・共有資源「グローバル・コモンズ」をさまざまな角度から分析し、国連をはじめとした国際機関の課題および運動の方向を追究する。　　　　　　　　　　　　(2014.6)

日本国際連合学会編

ジェンダーと国連

87791-269-7　C3032　　　　　A5判　301頁　3,200円

［国連研究第⑯］国連で採択された人権文書、国連と国際社会の動き、「女性・平和・安全保障」の制度化、国連におけるジェンダー主流化と貿易自由化による試み、国連と性的指向・性自認など国連におけるジェンダー課題提起の書。　　（2016.6）

日本国際連合学会編

『国連：戦後70年の歩み、課題、展望』
（『国連研究』第17号）

87791-274-1　C3032　　　　　A5判　329頁　3,200円

［国連研究⑰］創設70周年を迎えた国連は第二次世界大戦の惨禍を繰り返さない人類の決意として「平和的生存」の実現を掲げた。しかし絶えない紛争の下、「国連不要論」を乗り越え、いま国連の「課題」および「展望」を追う。　　（2016.6）

日本国際連合学会編

多国間主義の展開

87791-283-3　C3032　　　　　A5判　323頁　3,200円

［国連研究⑱］米トランプ政権が多国間主義の撤退の動きを強めるなか、諸問題に多くの国がともに解決を目指す多国間主義、国連の活動に日本はどう向き合うのか。若手研究者が歴史的課題に果敢に挑戦する。　　（2017.6）

日本国際連合学会編

人の移動と国連システム

87791-289-5　C3032　¥3200E　A5判　305頁　3,200円

［国連研究⑲］グローバル難民危機への対処、世界の重要課題である。難民の保護・支援の枠組み、難民キャンプ収容政策、あるいは教育分野での高等教育はどのように対応していくのか。難題が山積している。　　（2018.6）

日本国際連合学会編

変容する国際社会と国連

87791-299-4　C3032　¥3200E　A5判　299頁　3,200円

［国連研究⑳］2016年、「平和への権利国連宣言」が国連総会で採択された。平和を権利として捉えることによって、「平和と人間の安全保障」の課題が国連の重要な役割として浮上してきた。　　（2019.6）

日本国際連合学会編

国連と大国政治

87791-303-5　C3032　¥3200E　A5判　245頁　3,200円

［国連研究㉑］『国連研究』第21号は［国連と大国政治］を特集テーマに据えた。国連創設75周年の節目にあたる本年に、国連と大国政治んとの関係、国連における大国の意義と限界について改めて問う論考が揃った。　　（2020.6）

望月康恵

人道的干渉の法理論

87791-120-0　C3032　　　　　A5判　317頁　5,040円

［21世紀国際法学術叢書①］国際法上の人道的干渉を、①人権諸条約上の人権の保護と人道的干渉における人道性、②内政不干渉原則、③武力行使禁止原則と人道的「干渉」との関係を事例研究で跡づけつつ、具体的かつ実行可能な基準を提示する。　　（2003.3）

吉村祥子

国連非軍事的制裁の法的問題

87791-124-3　C3032　　　　　A5判　437頁　5,800円

［21世紀国際法学術叢書②］国際連合が採択した非軍事的制裁措置に関する決議を取り上げ、決議に対する国家による履行の分析、私人である企業に対して適用される際の法的効果を実証的に考察する。　　（2003.9）

滝澤美佐子

国際人権基準の法的性格

87791-133-2　C3032　　　　　A5判　337頁　5,400円

［21世紀国際法学術叢書③］国際人権基準の「拘束力」および法的性格の解明を目指す本書は、国際法と国際機構の法秩序とのダイナミズムによって国際人権基準規範の実現が促されていることを明らかにする。　　（2004.2）

小尾尚子

難民問題への新しいアプローチ
—アジアの難民本国における難民高等弁務官事務所の活動

87791-134-0　C3032　　　　　　　　A5判　289頁　5,600円

[21世紀国際法学術叢書④] UNHCRのアジアでの活動に焦点を当て、正統性の問題あるいはオペレーション能力の課題を考察し、難民本国における活動が、新しい規範を創りだし、国際社会に定着してゆく過程を描く。　　　　　　　（2004.7）

坂本まゆみ

テロリズム対処システムの再構成

87791-140-5　C3032　　　　　　　　A5判　279頁　5,600円

[21世紀国際法学術叢書⑤] 条約上の対処システム、武力紛争としてのテロリズム対処、テロリズムに対する集団的措置、などを法理論的に整理し、効果的なテロリズムに対する取り組みを実践的に追及する。　　　　　　　　　　　（2004.12）

一之瀬高博

国際環境法における通報協議義務

87791-161-8　C3032　　　　　　　　A5判　307頁　5,000円

[21世紀国際法学術叢書⑥] 手続き法としての国際環境損害の未然防止を目的とする通報協議義務の機能と特徴を、事後賠償の実体法としての国際法の限界とを対比・分析することを通して明らかにする。　　　　　　　　　　　（2008.2）

石黒一憲

情報通信・知的財産権への国際的視点 （絶版）

906319-13-0　C3032　　　　　　　　A5判　224頁　3,200円

国際貿易における規制緩和と規制強化の中での国際的に自由な情報流通について論ずる。国際・国内両レベルでの標準化作業と知的財産権問題の接点を巡って検討し、自由貿易と公正貿易の相矛盾する方向でのベクトルの本質に迫る。（1990.4）

廣江健司

アメリカ国際私法の研究
—不法行為準拠法選定に関する方法論と判例法状態

906319-46-7　C3032　　　　　　　　A5判　289頁　4,660円

アメリカ合衆国の抵触法における準拠法選定の方法論を検討する。準拠法選定に関する判例法は、不法行為事件を中心に発展してきているので法域外の要素を含む不法行為を中心に、その方法論を検討し、その判例法状態を検証する。（1994.3）

廣江健司

国際取引における国際私法

906319-56-4　C1032　　　　　　　　A5判　249頁　3,107円

国際民事訴訟法事件とその国際私法的処理について基礎的な法理論から法実務への架橋となる法情報を提供する。国際取引法の基礎にある法問題、国際私法の財産取引に関する問題、国際民事訴訟法の重要課題を概説した基本書である。　（1995.1）

高橋明弘

知的財産の研究開発過程における競争法理の意義

87791-122-7　C3032　　　　　　　　A5判　361頁　6,200円

コンピュータプログラムのリバース・エンジニアリングを素材に、財産権の社会的側面を、独占（競争制限）、労働のみならず、知的財産並びに環境問題で生じる民法上の不法行為及び権利論の解決へ向けての法概念としても捉える。　（2003.6）

久保田　隆

資金決済システムの法的課題

87791-126-×　C3032　　　　　　　　A5判　305頁　5,200円

我々に身近なカード決済、ネット決済や日銀ネット、外為円決済システム等、資金決済システムの制度的・法的課題を最新情報に基づき実務・学問の両面から追究した意欲作。金融に携わる実務家・研究者および学生必読の書。　（2003.6）

森田清隆

WTO体制下の国際経済法

87791-206-2　C3032　　　　　　　　A5判　283頁　5,400円

WTOのさまざまな現代的課題を考察する。従来の物品貿易に加え、サービス貿易がラウンド交渉の対象になり、投資・競争政策が議論され、地球温暖化防止策とWTO諸規則との整合性が問われている。　　　　　　　　　　　　（2010.3）